Rolf Merkle

Lass dir nicht alles gefallen

Wie Sie Ihr Selbstbewusstsein stärken und sich privat und beruflich besser durchsetzen können

Welt

Hinweis:
Die Ratschläge dieses Buches sind vom Verlag und vom Autor sorgfältig geprüft. Beide können jedoch keine Garantie geben und schließen jede Haftung für Personen-, Sach- und Vermögensschäden aus.

Lizenzausgabe der Verlagsgruppe Weltbild,
Steinerne Furt 67, D-86167 Augsburg

Umschlaggestaltung: Atelier Lehmacher, Friedberg
Gesamtherstellung: GGP Media GmbH,
Karl-Marx-Straße 24, 07381 Pößneck
Printed in Germany
ISBN 3-8289-2132-9

2007 2006
Die letzte Jahreszahl gibt die aktuelle Lizenzausgabe an.

Einkaufen im Internet:
www.weltbild.de

Inhalt

Einleitung: Meine Geschichte als gehemmter Mensch

Es gibt Menschen, die haben es, und es gibt solche, die haben es nicht. Die es haben, geben uns mit einem festen Händedruck die Hand und schauen uns geradewegs in die Augen. Diese Menschen scheinen ein Abonnement auf die guten Plätze des Lebens zu haben. Sie sagen, was sie denken, und sie bekommen, was sie wollen – zumindest sehr oft.

Die, die es nicht haben, sind die ewigen Zweiten, die Zuhörer und Statisten. Sie verlassen ein Geschäft mit Kleidern, die sie nicht wollten (weil die Verkäuferin sich so viel Mühe gegeben hat). Sie ärgern sich nur still und leise, wenn sie im Urlaub statt des versprochenen Meeresblicks auf eine Baustelle schauen, und wenn sie auf der Straße angerempelt werden, dann entschuldigen sie sich demütig.

Haben Sie erraten, wovon die Rede ist? Die Rede ist vom selbstsicheren Auftreten. Wer von uns wünscht sich nicht, zu denen zu gehören, die sich ohne schlechtes Gewissen in eigener Sache stark machen können? Wer von uns könnte nicht etwas mehr Selbstbewusstsein vertragen?

Ich erinnere mich an eine Zeit in meinem Leben, in der ich zu der zweiten Gruppe von Menschen gehörte – zu den unsicheren und schüchternen. In Gegenwart anderer fühlte ich mich meist sehr angespannt. Ich war stets sehr um mein Äußeres besorgt – dass ich korrekt gekleidet war und dass meine Haare ordentlich lagen. Ich beobachtete und kontrollierte mich, mein Verhalten und meine Worte. Ich lächelte häufig verlegen und lachte über die Witze anderer, auch wenn mir nicht zum Lachen zu Mute war. Ich ließ mich bei berechtigten Ansprüchen in der Autowerkstatt, oder wenn es um die mangelhafte Qualität eines Kleidungsstücks ging, schnell abspeisen und überfahren. Es war mir peinlich, zu einer Veranstaltung zu spät zu kommen. Ich hatte Angst vor den missbilligenden Blicken der Anwesenden. Ich getraute mich nicht, Frauen in der Disco oder auf der Straße anzusprechen. Ich litt Todesqualen, wenn ich eine Frau ansprechen wollte – ganz zu schweigen davon, dass ich es nicht über meine Lippen brachte, einer Frau zu sagen, dass ich mit ihr schlafen wollte. Wenn ich auf der Straße ging, lief ich Schlangenlinien, da ich jedem auswich, der mir entgegenkam. Wenn ich jemanden auf der Straße nach dem Weg fragte, begann ich mit dem Wort »Entschuldigung«. Einkaufen zu gehen war mir ein Gräuel. Ich ließ mich von Verkäufern dazu überreden, mir Kleidung zu kaufen, die mir nicht gefiel oder die mir zu teuer war. Ich wollte nicht zugeben, dass ich nicht so viel Geld hatte, oder getraute mich nicht, als Modemuffel dazustehen. In Restaurants habe ich so manchen Fraß verschlungen, weil ich mich nicht getraute, zu reklamieren. Hinterher sagte ich dann artig auf die Frage des Obers »War's recht?« »Ja«. Natürlich ging ich nicht mehr in das Lokal und ich ärgerte mich, dass ich so blöd war und mich nicht getraut hatte, meinen Mund aufzumachen. Wenn sich andere in meiner Gegenwart beschwerten, war mir das sehr peinlich und am liebsten hätte ich mich in Luft aufgelöst. Wenn mir jemand ein Kompliment machte, dann wurde ich verlegen, vielleicht auch rot und sagte: »Das ist nichts Besonderes.« Ich ärgerte mich häufig über mich, dass ich so schüchtern war, und ärgerte mich über meine Mitmenschen, dass diese so gemein, rücksichtslos und egoistisch waren.

Wenn ich mich mit jemandem unterhielt, stand ich ständig unter Anspannung, weil ich meinte, ich müsse dem anderen etwas bieten und ihn unterhalten. Ich fühlte mich dafür verantwortlich, dass das Gespräch am Laufen blieb. Wenn mich jemand um einen Gefallen bat, sagte ich meist sofort Ja und ärgerte mich hinterher, dass ich zugesagt hatte. Ich hatte Angst, etwas Persönliches von mir zu erzählen, da ich befürchtete, mein Gegenüber könnte mich auslachen, sich über mich lustig machen und mich ablehnen, wenn es erführe, was ich für ein Mensch bin. Ich fühlte mich sehr oft einsam und schlenderte mit einem Gefühl des Isoliertseins und Alleinseins wie ein streunender Kater durch die Straßen in der Hoffnung, eine Märchenfee würde mich ansprechen und mich von meinem Elend erlösen. Doch natürlich geschah nichts dergleichen. Und dabei tat ich doch alles, um mich interessant zu machen. Ich rauchte Pfeife, kleidete mich gut, drückte mich gewählt aus und legte mir verschiedene Accessoires zu. Meine Mitmenschen hielten mich – wie sie mir später gestanden – für sehr selbstsicher, manche auch für arrogant. Sie deuteten meine distanzierte Art, die in Wirklichkeit nur Ausdruck meiner Hemmungen war, als Selbstsicherheit. Sie konnten ja nicht in mich hineinschauen und sehen, für welch kleines und unsicheres Wesen ich mich tatsächlich hielt.

All das erlebte ich bis etwa zu meinem 30. Lebensjahr. Danach begann ich, eine Wandlung durchzumachen, genauer gesagt, ich begann, mich zu ändern. Heute bin ich ein anderer Mensch und ich möchte um keinen Preis der Welt noch einmal so sein, wie ich es damals war.

Wie geht es mir heute?

Heute fühle ich mich die meiste Zeit in Gegenwart anderer entspannt und locker. Ich mache mir kaum noch Gedanken um mein Äußeres und wie ich auf andere wirke. Nicht, dass ich heute schlampig herumlaufe. Nein, aber ich kleide mich so, wie es mir gefällt, und verschwende meist keinen Gedanken daran, ob ich durch meine Kleidung bei anderen ankomme oder nicht. Ich beobachte und kontrolliere mich, mein Verhalten und meine Worte nicht mehr dauernd. Ich lache nicht mehr über die Witze anderer, wenn mir nicht danach zu Mute ist. Wenn eine Bedienung wiederholt unfreundlich zu mir ist, sage ich ihr das und frage sie, ob sie nicht sich und mir den Gefallen tun und sich einen anderen Job suchen will, der ihr mehr Freude macht. Umgekehrt mache ich Menschen aber auch Komplimente, wenn sie sehr freundlich und zuvorkommend sind, etwa bei Bedienungen, die einem trotz sehr viel Betrieb immer noch das Gefühl geben, ein willkommener Gast zu sein. Bei berechtigten Beanstandungen bestehe ich auf meinem Recht als Kunde und bleibe hart. Ich kann zu einer Veranstaltung zu spät kommen und habe keine Angst mehr vor den etwaigen missbilligenden Blicken und der vollen Aufmerksamkeit der Anwesenden. Ich getraue mich, Frauen anzulächeln und mit ihnen ein Gespräch zu beginnen. Ich habe keine Probleme damit, einer Frau zu sagen, dass ich sie attraktiv finde und mit ihr schlafen möchte. Wenn ich auf der Straße laufe, halte ich meinen Kurs, ohne dabei im Zickzack zu laufen. Die anderen sind es, die mir ausweichen. Nicht, dass ich es bewusst darauf anlege oder rücksichtslos wäre. Nein, ich gehe einfach meinen Weg und die anderen wissen, woran sie sind. Wenn ich jemanden auf der Straße nach dem Weg frage, beginne ich ohne Umschweife mit den Worten »Guten Tag, ich suche …«. Einkaufen zu gehen macht mir Spaß. Ich kaufe, was mir gefällt, und wenn mir ein Verkäufer auf den Wecker geht, weil er meint, er müsse mir sagen, ob mir etwas steht, und er mir etwas aufschwatzen will, dann gebe ich ihm höflich, aber bestimmt zu verstehen, dass er sich raushalten soll. Ich kann ohne Komplexe sagen, dass mir etwas zu teuer ist. Ich kann mir 20 Paar Schuhe zeigen lassen und ohne etwas zu kaufen und ohne schlechtes Gewissen wieder aus dem Geschäft gehen – nicht jedoch, ohne mich bei der Verkäuferin oder dem Verkäufer freundlich für ihre/seine Geduld zu bedanken und ihr/ihm einen schönen Tag zu wünschen. In Restaurants beschwere ich mich höflich, aber bestimmt und ohne Hemmungen, wenn das Essen nicht gut ist, und lasse es zurückgehen. Ich lasse mich nicht von so dummen Argumenten wie »Sie sind der Erste, dem es nicht schmeckt. Es hat sich noch niemand beschwert« einschüchtern oder von meinem Urteil abbringen. Auch akzeptiere ich nicht, dass man mich bei einem Essen, das 20 und mehr Euro kostet, als Wiedergutmachung mit einem Eis für 3 Euro abspeist. Ich bezahle das Essen nicht oder verlange einen gleichwertigen Ersatz. Je nachdem, wie der Ober oder Geschäftsführer reagiert, gebe ich dem Restaurant eine zweite Chance. Wenn jemand anderer am Tisch sich beschwert, denke ich »recht so« und bin froh, dass es noch mehr Menschen gibt, die für ihr gutes Geld auch gute Ware verlangen.

Wenn mir jemand ein Kompliment macht, freue ich mich darüber und sage mit einem guten Gefühl »Danke schön«. Ich ärgere mich nicht mehr über mich, wenn ich in einer Situation Hemmungen habe – auch das kommt immer mal wieder noch vor. Ich halte meine Mitmenschen nicht mehr für gemein, rücksichtslos und egoistisch, wenn sie mich auf Grund meiner Unsicherheit »überfahren«. Wenn ich mich mit jemandem unterhalte, machen mir Gesprächspausen keine Probleme. Ich fühle mich nicht mehr für ein Gespräch verantwortlich. Wenn wir uns nichts mehr zu sagen haben, dann ist das in Ordnung. Wenn mich jemand um einen Gefallen bittet, frage ich mich, ob ich ihm den Gefallen tun möchte. Wenn nicht, sage ich meist ohne Hemmungen Nein, manchmal kostet es mich aber auch Überwindung abzulehnen. Habe ich vorschnell etwas zugesagt, kann ich dem Betreffenden nachträglich sagen, dass ich es mir anders überlegt habe. Ich habe keine Angst, etwas Persönliches von mir zu erzählen oder andere in mich hineinschauen zu lassen. Was sollen die schon entdecken? Das Schlimmste, das sie bei mir entdecken können, ist, dass ich ein Mensch wie sie bin, ein Mensch, der seine Fehler und Schwächen hat. Ich bin überzeugt, dass an mir nichts Schreckliches ist und auch meine schlechten Eigenschaften und Taten kein Beweis dafür sind, dass ich ein schlechter und minderwertiger Mensch bin. Wenn ein anderer sich über mich lustig macht, dann stecke ich das weg – zumindest meistens. Manchmal juckt es mich, aber das ist in Ordnung. Auch ich habe noch meine wunden Punkte, an denen man mich packen kann, und an denen ich verletzlich bin. Es macht mir heute Spaß, alleine etwas zu unternehmen. Ich finde es sogar wohltuend, ohne meine Partnerin einige Tage Urlaub zu machen. Ich fühle mich meistens zu anderen Menschen zugehörig und fühle mich mit ihnen verbunden. Die Zeiten, in denen ich mir wie ein herrenloser, streunender Kater vorkam, sind vorbei. Ich habe auch nicht mehr das Bedürfnis, mich interessant darzustellen.

Warum erzähle ich Ihnen all das?

Anhand meiner persönlichen Geschichte möchte ich Ihnen zweierlei zeigen:

1. Sie können sich ändern.
Hemmungen, Schüchternheit und unsicheres Verhalten sind erworbene Probleme, die wir deshalb auch überwinden können, wenn wir an ihnen arbeiten. Als Psychotherapeut hat man es keineswegs leichter damit, wie Sie vielleicht vermuten. Man hat vielleicht ein besseres Verständnis und kann die Zusammenhänge seiner Probleme klarer sehen, aber glauben Sie mir: Auch wir Psychologen müssen an uns arbeiten, wenn wir ein Problem überwinden wollen. Wir tun uns genauso schwer damit, uns zu ändern, wie jeder andere auch. Das, worauf es bei der Überwindung von Problemen ankommt, ist die Anwendung und Umsetzung des Wissens.

2. Man kann nicht immer und überall selbstsicher sein. Wie Sie vielleicht an mancher Stelle meiner Lebensgeschichte gemerkt haben, habe ich auch heute noch gelegentlich Hemmungen und Unsicherheiten. Ich bin also nicht in allen Lebenslagen und zu jeder Zeit ein vollkommen selbstsicherer Mensch. Meine Hemmungen behindern mich jedoch kaum mehr. Wenn sie auftreten, nehme ich sie zur Kenntnis – aber auch nicht mehr. Ich verurteile mich nicht für sie, ärgere mich nicht darüber, dass ich immer noch unsicher bin, und komme mir deshalb auch nicht minderwertig vor. Wenn es mir wichtig ist, arbeite ich daran, eine Unsicherheit in einer bestimmten Situation zu überwinden. Wenn nicht, lebe ich mit ihr. Ich habe gelernt, meine Schwächen und Fehler zu akzeptieren. Ich habe auch heute noch manchmal in bestimmten Situationen Angst, aber ich versuche, mich nicht von ihr lähmen zu lassen. Ich tue oftmals bewusst Dinge, vor denen ich Angst habe, um mir zu zeigen, dass ich keine Angst zu haben brauche, und ich gebe zu, wenn ich Angst habe. In Interviews oder bei Vorträgen lasse ich meine Zuhörer oft gleich zu Anfang wissen, dass ich Schmetterlinge im Bauch habe und schrecklich aufgeregt bin.

Nun werden Sie sich vielleicht fragen, wie ich das gemacht habe, mich von einem so unsicheren und schüchternen Menschen in einen weitestgehend selbstsicheren Menschen zu verwandeln, und ob Sie das auch lernen können. Ja, natürlich können auch Sie lernen, sich von einem Großteil Ihrer Hemmungen und Unsicherheiten zu befreien. Das »Wie« werde ich Ihnen in diesem Buch zeigen. Ohne Ihren Optimismus und Ihren Tatendrang dämpfen zu wollen, möchte ich Sie jedoch darauf hinweisen, dass es keine schnelle Heilung für ein mangelndes und angeschlagenes Selbstbewusstsein gibt. Ich habe Jahre und viel Training gebraucht. Auch Sie werden Geduld haben und an sich arbeiten müssen. Es wird Ihnen nicht in den Schoß fallen. Sie werden Ihre Hemmungen nicht wie einen Mantel abstreifen. Dazu leben Sie schon viel zu lange mit ihnen. Aber – Sie können sich ändern, langsam, Schritt für Schritt.

Aus meiner eigenen Erfahrung mit meinen einstigen Hemmungen und aus der Erfahrung mit meinen Klienten werde ich versuchen, es Ihnen so leicht wie möglich zu machen. Gewohnheiten – und dazu zählen Hemmungen und Schüchternheit – lassen sich jedoch nur dadurch überwinden, dass man am Ball bleibt und etwas dafür tut, dass sie verschwinden. Denken Sie bitte immer an diese Worte, wenn Sie nicht so rasch Fortschritte machen, wie Sie sich das wünschen. Haben Sie Geduld mit sich, und Sie werden die Früchte Ihrer Arbeit ernten. Aber sie brauchen auch Zeit, um zu reifen.

Die längste Reise beginnt mit dem ersten Schritt

Wenn Sie dieses Trainingsprogramm zur Steigerung Ihrer Selbstsicherheit durcharbeiten, werden Sie in kleinen Schritten lernen, sich selbst den Rücken zu stärken und Ihr Selbstbewusstsein aufzubauen. Jawohl, in kleinen Schritten. Machen wir uns nichts vor. Sie werden sich nicht über Nacht in einen Draufgänger verwandeln, der die Herzen der Frauen im Sturm erobert. Sie werden sich nicht wie von Zauberhand von einem schüchternen und braven Mädchen in eine selbstbewusste und emanzipierte Frau verwandeln, die sich privat und beruflich erfolgreich zur Wehr setzen kann. Nein, um solche Wunder vollbringen zu können, müssen Sie sehr hart an sich arbeiten und sehr viel Geduld mit sich haben.

Sind Sie bereit dazu? Habe ich Sie gerade »Ja« sagen hören? Wunderbar. Ehe Sie sich jedoch an die Arbeit machen, möchte ich Ihnen noch einige hilfreiche Tipps geben, wie Sie die Informationen dieses Buches für sich optimal nutzen können. Ich gebe Ihnen diese Tipps nicht, um Sie zu schikanieren. Im Gegenteil. Ich möchte, dass Sie sich die Aufgabe, die Sie sich vorgenommen haben, nicht unnötig schwer machen. Deshalb bitte ich Sie, diese Tipps zu beherzigen. Abgemacht?

Wie Sie dieses Buch durcharbeiten sollten, um am meisten von ihm zu profitieren

Verwechseln Sie dieses Buch nicht mit einer Urlaubslektüre, die man zum Vergnügen oder aus Neugier von vorne bis hinten in einem Atemzug liest und dann für immer beiseite legt. Dies ist ein Lehrbuch, ein praktischer Ratgeber, der Ihnen nur dann etwas bringt, wenn Sie immer wieder in ihm lesen, die Übungen machen und das umsetzen, was ich Ihnen vorschlage. Ich weiß, das klingt sehr nach Arbeit, aber das soll es auch. Alte und eingefahrene Verhaltensweisen zu verändern ist kein Kinderspiel. Es liegt ein hartes Stück Arbeit vor Ihnen, wenn Sie lernen möchten, selbstbewusster aufzutreten, und Sie sich nicht mehr alles gefallen lassen möchten. Sie können sich jedoch viele Enttäuschungen, unnötige Umwege und Sackgassen ersparen, wenn Sie meine Empfehlungen, die ich Ihnen nun gebe, beherzigen:

1. Nehmen Sie sich für die nächsten drei Monate täglich mindestens 30 Minuten Zeit, um in diesem Buch zu lesen und zu arbeiten. Höre ich Sie gerade stöhnen? Höre ich Sie gerade sagen, das sei zu viel verlangt? Dann möchte ich Sie etwas fragen: Wie viel Zeit sind Sie sich wert? Dies ist ein erster Test, der Ihnen zeigt, wie ernst es Ihnen ist, sich zu ändern. Wenn Sie nicht bereit sind, diese Zeit für sich aufzubringen und in Ihre Zukunft zu investieren, dann schen-

ken Sie dieses Buch einem anderen. Sie haben die Wahl. Entweder Sie investieren Zeit und Energie in Ihre Zukunft, oder alles wird beim Alten bleiben. Ich weiß, das klingt brutal, aber ich meine es ernst. Wofür wollen Sie sich also entscheiden?

2. Wenn Sie sich für sich und Ihre Zukunft entschieden haben, dann gratuliere ich Ihnen zu dieser Entscheidung. Sie werden sie nicht bereuen. Machen Sie dieses Buch zu Ihrem ständigen Begleiter. Lesen Sie es wieder und wieder. Es genügt nicht, dass Sie die einzelnen Kapitel ein- oder zweimal lesen. Auch wenn Sie glauben, den Inhalt bereits auswendig zu kennen, und er Ihnen zum Hals heraushängt, lesen Sie darin immer wieder nach. Sie werden stets aufs Neue Textstellen entdecken, die Sie zuvor überlesen haben oder die Ihnen nicht so wichtig schienen. Wiederholung ist die beste Straße zum Erfolg. Es genügt nicht, etwas auswendig zu wissen. Es muss Ihnen auch dann einfallen, wenn Sie es benötigen.
3. Lesen Sie das Buch zunächst einmal in einer Art Schnelldurchlauf, um sich auf das Thema einzustimmen. Danach lesen Sie es in aller Ruhe und konzentriert. Beginnen Sie mit dem ersten Kapitel.
4. Haben Sie beim Lesen immer einen Textmarker zur Hand. Streichen Sie für Sie wichtige Gedanken und Textstellen an. Auf diese Weise vermeiden Sie unnötiges Suchen, wenn Sie etwas noch einmal nachlesen möchten. Andererseits bleibt Ihnen das Gelesene besser haften.
5. Legen Sie ein Arbeitsheft an, in das Sie wichtige Gedanken aus diesem Buch übertragen und in dem Sie die schriftlichen Übungen machen, die ich Ihnen vorschlage. Jawohl, schriftliche Übungen. Diese sind unerlässlich. Es genügt nicht, dass Sie sich lediglich in Gedanken mit diesem Thema beschäftigen. Sie werden nur dann weiterkommen, wenn Sie wichtige Erkenntnisse und Einsichten schriftlich festhalten. Auf diese Weise können Sie sie immer wieder wiederholen und dadurch festigen.

6. Am Ende jedes Kapitels finden Sie die Überschrift »Was möchte ich mir merken?«. Notieren Sie hier bitte, welche Gedanken und Feststellungen für Sie beim Lesen besonders wichtig waren. Wenn Sie mit Ihren persönlichen Worten das für Sie Wichtige notieren, dann werden Sie es besser in Erinnerung behalten. Außerdem ist es für Sie eine Art Überprüfung des Gelesenen, wenn Sie sich nach dem Lesen fragen: »Was habe ich behalten und was war für mich wichtig?« Machen Sie bitte diese »Schularbeit«. Wenn Ihnen nach dem Lesen eines Kapitels nicht wenigstens fünf Punkte einfallen, die für Sie wichtig waren, dann würde ich meinen, dass Sie das Kapitel sehr oberflächlich gelesen haben und nicht das für sich herausgeholt haben, was in ihm steckt. Denken Sie bitte immer daran: Sie können nicht von einem Wissen profitieren, das Sie nicht haben.

Bedenken Sie bitte noch eines: Dieses Buch tut nichts für Sie, aber auch gar nichts. Sie werden sich nicht alleine durch das Lesen in einen selbstsicheren Menschen verwandeln. **Es wird sich nichts ändern, wenn Sie sich nicht ändern.** Sie sind der Kapitän Ihres Lebens, und wenn Sie Ihrem Schiff eine andere Richtung geben möchten, dann müssen Sie hierzu Hand anlegen und immer wieder kontrollieren, ob Ihr Schiff auf dem richtigen Kurs ist. Sonst wird es wieder abgetrieben und Sie kommen nicht ans Ziel.

Ich habe Ihnen in diesem Buch mein Bestes gegeben, mein Wissen und meine Erfahrungen als Therapeut und als Mensch, der auch von Zeit zu Zeit unter Hemmungen und Schüchternheit leidet. Greifen Sie zu und bedienen Sie sich. Ich wünsche Ihnen, dass es Ihnen gelingt, die Tür Ihres Gefängnisses aufzustoßen und die Freiheit eines selbstsicheren Menschen zu genießen. Sie haben es verdient.

Ihr Rolf Merkle

Teil I

Zunächst schauen wir uns einmal an, was selbstsicheres Verhalten von aggressivem und selbstunsicherem Verhalten unterscheidet. Dies ist wichtig, weil viele Menschen sich unsicher sind, wo die Grenze zwischen aggressivem und selbstsicherem Verhalten liegt.

Als Nächstes wollen wir uns damit beschäftigen, woher unsere Hemmungen und unsere Schüchternheit kommen. Hierzu hat viel unsere Erziehung beigetragen, in der wir beispielsweise eingetrichtert bekamen, Respekt vor Älteren und Autoritäten zu haben, anderen nicht zu widersprechen, uns nicht so wichtig zu nehmen, Angst vor Ablehnung und Konflikten zu haben, usw. Diese Verhaltensregeln leben heute noch in Form von Einstellungen und verunsichernden Gedanken in uns weiter, die dann aufkommen, wenn wir uns in eigener Sache stark machen wollen. Sie machen es uns schwer, uns durchzusetzen, und sie ermöglichen es anderen, uns zu manipulieren.

Gegen Ende von Teil I werde ich auf einige weit verbreitete Vorurteile und Mythen eingehen, die viele Menschen mit selbstsicherem Verhalten und Schüchternheit verbinden, und ich werde auf vermeintliche Vorteile eingehen, die schüchternes Verhalten hat. Ein solcher Vorteil ist beispielsweise, dass man für sich und die Erfüllung seiner Wünsche keine Verantwortung übernehmen muss. Die anderen sind schuld, wenn es einem schlecht geht. Durch diese Denkweise hat man zwar einen Sündenbock, gleichzeitig aber macht man dadurch sein Glück von anderen abhängig und befindet sich in einer Opferrolle. Also doch kein Vorteil?

1
Selbstsicheres Verhalten: Woran man es erkennt und wie es sich von aggressivem und unsicherem Verhalten unterscheidet

Ich mache immer wieder die Erfahrung, dass viele Menschen eine völlig falsche Vorstellung davon haben, was es heißt, selbstsicher aufzutreten. Das wohl größte Vorurteil gegenüber selbstsicherem Verhalten ist, dass es ein Mittel sei, um sich auf Kosten anderer durchzusetzen oder zu bereichern. Dies ist jedoch nicht der Fall. Im Gegenteil. Selbstsicheres Verhalten ist ein partnerschaftliches Verhalten. Es ist die Voraussetzung, um mit anderen Menschen eine offene und ehrliche Beziehung eingehen zu können.

Definition von selbstsicherem Verhalten

Selbstsicher zu sein bedeutet, frei entscheiden zu können, wie man sich verhält. Man hat die Wahl, ob man sich durchsetzen oder ob man nachgeben will. Man macht sich nicht zum Opfer der anderen oder der Umstände, sondern gestaltet sein Leben in eigener Regie. Entscheidet man sich dafür, seine Interessen und Rechte durchzusetzen, dann geschieht dies, ohne die Rechte anderer zu verletzen.

Selbstsicheres Auftreten hat nichts damit zu tun, andere auszunutzen oder so zu manipulieren, dass sie nach unserer Pfeife tanzen. Selbstsichere Menschen haben keine solchen Machtgelüste. Die findet man nur bei unsicheren Menschen. Es geht lediglich darum, sich selbst frei entfalten und die einem zustehenden Rechte in Anspruch nehmen zu können, ohne dabei anderen dasselbe Recht zu verwehren, und sich gegen Manipulationsversuche anderer erfolgreich zu wehren. Wenn ich selbstsicher bin, habe ich immer die **Wahl, ob ich selbstsicher auftreten oder ob ich nachgeben will.** Selbstsicher zu sein bedeutet also, entscheiden zu können, wie ich mich verhalte. Wenn ich mich dafür entscheide, nachzugeben, dann nicht, weil ich Hemmungen oder Ängste habe, sondern weil ich es will. Wenn ich mich dafür entscheide, selbstsicher aufzutreten, dann kann ich es ohne Schuldgefühle tun und mich dabei gut fühlen.

Selbstunsicheres Verhalten ist ein selbstschädigendes Verhalten. Man erlaubt anderen, für einen Entscheidungen zu treffen, weil man Konflikte vermeiden und Streit aus dem Weg gehen möchte. Man äußert die eigenen Gefühle und Bedürfnisse nicht und man macht von den Rechten, die man hat, keinen Gebrauch.

Selbstsicher aufzutreten bedeutet, selbst Entscheidungen zu treffen, für sich und seine Rechte einzutreten und aktiv am Leben teilzunehmen, und zwar auf eine Art und Weise, dass man hierdurch die Rechte anderer nicht verletzt und deren Gefühle respektiert. Es mag sein, dass sich jemand verletzt oder gekränkt fühlt, aber das ist keine Absicht. Man äußert seine Gefühle und Bedürfnisse und macht von seinen Rechten Gebrauch.

Mit einem **aggressiven** Verhalten will man andere klein machen und sich auf deren Kosten Vorteile verschaffen. Man versucht, ans Ziel zu kommen, indem man anderen bewusst schadet.

Schauen wir uns einmal auf den beiden nächsten Seiten etwas genauer an, wie sich selbstsichere Menschen von unsicheren und aggressiven in ihrem Denken, Fühlen und Handeln unterscheiden.

Charakteristika selbstsicheren, unsicheren und aggressiven Verhaltens

	Selbstsicheres Verhalten	Unsicheres Verhalten	Aggressives Verhalten
Gedanken, Einstellungen	Ich weiß nicht, ob ich bekomme, was ich möchte; ich probiere es.	Ich kann das nicht, also brauche ich es auch gar nicht zu probieren.	Es ist schlimm und ungerecht, wenn ich nicht bekomme, was ich möchte.
	Es ist o.k., wenn andere nicht mit mir übereinstimmen. Jeder hat das Recht auf seine eigene Meinung.	Die anderen haben Recht, ich Unrecht.	Was ich sage, zählt. Was kümmert mich die Meinung der anderen.
	Ich kann es ertragen, wenn andere etwas nicht billigen, was ich tue.	Ich sollte nichts tun, was bei anderen auf Kritik stößt.	Die anderen sollen sich gefälligst nach mir richten.
	Ich bin genauso wichtig und wertvoll wie die anderen.	Ich bin weniger wert und wichtig als die anderen.	Ich bin besser und wichtiger als die anderen.
	Ich verdiene es, dass es mir gut geht.	Ich habe es nicht verdient, dass es mir gut geht.	Die anderen sind es mir schuldig, dass es mir gut geht.
	Ich habe das Recht, das zu tun, was ich möchte, solange ich anderen nicht schade.	Was ich will, ist nicht so wichtig. Die Bedürfnisse und Wünsche der anderen sich wichtig.	Was ich will, zählt. Ist mir egal, wie es den anderen geht. Hauptsache, ich kriege, was ich will.

Charakteristika selbstsicheren, unsicheren und aggressiven Verhaltens

	Selbstsicheres Verhalten	Unsicheres Verhalten	Aggressives Verhalten
Körperliches Befinden, Gefühle	ruhig, entspannt, leicht negative Gefühle wie: Enttäuschung, Bedauern, Traurigkeit, Besorgnis	Angst-, Schuld- und Minderwertigkeitsgefühle; fühlt sich anderen unterlegen, ist schnell gekränkt und verletzt, Ärger über sich und andere, angespannt.	angespannt, verkrampft, Ärger, Hass, Angst, Feindseligkeit, fühlt sich anderen überlegen.
Verhaltensweisen	Ein selbstsicherer Mensch äußert Wünsche direkt, spricht über seine Gefühle, Ansichten; agiert, statt zu reagieren, nimmt sich, was er möchte, statt darauf zu warten, dass andere es ihm geben. Akzeptiert seine Fehler, ohne sich dafür zu verurteilen; übernimmt für sich und seine Gefühle Verantwortung. Gibt sich nicht mit einem »Nein« zufrieden. Bleibt hartnäckig, bis er ein »Ja« oder zumindest einen Kompromiss hat.	Ein unsicherer Mensch ist verschlossen, sagt Ja, wenn er Nein sagen möchte, lässt sich herumkommandieren, äußert Wünsche indirekt, sagt nicht, was er denkt, frisst Ärger in sich hinein, verteidigt und rechtfertigt ständig sein Verhalten, getraut sich nicht, jemandem etwas abzuschlagen, gebraucht häufig Ausreden, kann keine Kritik vertragen und äußern, erlaubt anderen, für ihn zu entscheiden.	Ein aggressiver Mensch ist überheblich und arrogant, entscheidet über die Köpfe der anderen hinweg, beschimpft andere, droht ihnen körperlich oder mit Worten, verlangt, dass alles nach seinem Willen geht, ist nicht kompromissbereit, muss immer Recht haben, hat einen herablassenden oder befehlenden Ton, kann nicht verlieren, ist sarkastisch, versucht, andere einzuschüchtern, gibt anderen die Schuld für seine Fehler.

Merkmale selbstsicheren Verhaltens

Selbstsichere Menschen zeichnen sich durch eine Reihe von Fähigkeiten aus. Zu diesen Fähigkeiten gehören:

- Forderungen stellen,
- Wünsche äußern und sich durchsetzen,
- Nein sagen,
- Komplimente annehmen,
- mit Kritik umgehen,
- sich und anderen Fehler eingestehen,
- auf andere zugehen und Kontakte knüpfen,
- ihre Meinung sagen.

Sind das Bereiche, in denen auch Sie Probleme haben? Wenn ja, dann lernen Sie in diesem Ratgeber, wie Sie in diesen Bereichen Ihre Selbstsicherheit steigern können.

Was möchte ich mir merken?

1 ....

2 ....

3 ....

4 ....

5 ....

2
Warum sind wir schüchtern und unsicher?

Ist Ihnen schon einmal aufgefallen, mit welcher Selbstverständlichkeit und Unbefangenheit ein kleines Kind auf andere Menschen zugeht, diese anlächelt oder ein Gespräch beginnt? Haben Sie schon einmal bemerkt, wie schnell ein kleines Kind mit einem Nein fertig wird? Ein kleines Kind verfällt nicht in Depressionen, wenn ein anderes Kind nicht mit ihm spielen will. Ein kleines Kind ärgert sich nicht tage- und wochenlang über etwas. In Sekundenschnelle hat es den Vorfall vergessen und ist wieder mit etwas anderem beschäftigt. Wenn Sie selbst ein Kind haben, wissen Sie, mit welcher Heftigkeit es seine Wünsche vorträgt und seine Gefühle zeigt. Ein kleines Kind ist auch nicht lange nachtragend, wenn ihm ein Erwachsener etwas abschlägt.

Und wie geht es uns Erwachsenen? Was für ein Drama machen wir doch daraus, wenn ein anderer uns ablehnt? Wie oft laufen wir tagelang mit einem langen Gesicht herum, wenn uns eine Laus über die Leber gelaufen ist? Wie schwer tun wir uns, auf andere zuzugehen, diese anzulächeln oder anzusprechen? Wie viele Ängste und Skrupel haben wir doch nur bei dem Gedanken daran, jemandem eine Bitte abzuschlagen? Wie lange zögern wir, bis wir endlich unsere Wünsche oder unsere Meinung äußern?

Warum sind wir so geworden? Wo sind die Unbefangenheit und die Natürlichkeit geblieben, mit denen wir uns früher so frei und selbstsicher bewegt haben? Welche Erfahrungen haben Ihr und mein einstmals so großes Selbstvertrauen zerstört und uns in unsichere und schüchterne Menschen verwandelt? Die Frage nach den Ursachen für unsere Schüchternheit ist schnell beantwortet und doch auch wieder nicht. Schüchternheit und Hemmungen sind die Begleiterscheinungen zweier sehr weit verbreiteter Ängste, die wie eine Epidemie unter den Menschen auf der ganzen Welt wüten:

1. der Angst vor Ablehnung und
2. der Angst zu versagen.

Durch diese beiden Ängste lassen sich Menschen davon abhalten, selbstsicher und mutig aufzutreten. Würden wir der Angst, von anderen abgelehnt zu werden, und der Angst zu versagen nicht erlauben, uns einzuschränken, dann könnten wir Menschen uns frei entfalten und wir alle würden ein erfülltes Leben führen. Dann gäbe es keine Duckmäuser, keine Opportunisten und andere schlimme Auswüchse.

Beachten Sie bitte:
Ich habe nicht gesagt, dass diese beiden Ängste dafür verantwortlich sind, dass wir Hemmungen haben. Es ist vielmehr so, dass wir uns durch diese Ängste lähmen lassen und ihnen erlauben, über unser Verhalten zu bestimmen. Schon jetzt möchte ich Sie mit einem kleinen Geheimnis vertraut machen. **Selbstsicheres Auftreten und Selbstvertrauen kann man nur gewinnen, wenn man das tut, wovor man Angst hat.** Das bedeutet, dass man sich trotz seiner Angst Situationen aussetzen muss, die man auf Grund der Angst lieber meiden möchte. So wie man das Autofahren nur lernt, wenn man sich mit seiner Unsicherheit hinters Steuer setzt und fährt, so lernt man nur dann, selbstsicher aufzutreten, wenn man sich trotz seiner Unsicherheit und seiner Ängste in Situationen begibt, die man lieber meiden würde.

Woher die Angst vor Ablehnung und die Angst zu versagen kommen

Von klein auf machen wir Tag für Tag eine Menge Erfahrungen, die unser Denken, Fühlen und Handeln in großem Maße prägen. Versetzen wir uns doch einmal in die Lage, als wir 2, 3 oder 5 Jahre alt waren. Konnten wir in diesem Alter bereits für uns sorgen? Waren wir in der Lage, ohne unsere Eltern zu überleben? Nein! In den ersten Jahren sind wir in ganz hohem Maße von unseren Eltern abhängig. Wir wissen in diesem Alter instinktiv, dass wir unsere Eltern brauchen, um leben, ja überleben zu können. Nichts ist für uns schrecklicher gewesen als die Androhung unserer Eltern, sie würden uns nicht mehr gern haben. Nichts versetzte uns mehr in Angst als die Drohung, sich von uns abzuwenden. Diese Hilflosigkeit und Unselbstständigkeit machten sich unsere Eltern zu Nutze – in der besten Absicht, aber leider zu unserem Nachteil. Sie machten ihre Liebe zu uns von der Erfüllung bestimmter Bedingungen abhängig. Vielleicht haben Sie sich in Ihrer Kindheit oft anhören müssen:

»Ich mag dich nicht, wenn du so unartig bist.«
»Solange du dir deine Haare nicht schneiden lässt, bist du bei mir unten durch.«
»Ich habe dich lieb, wenn du deine Schulaufgaben machst.«

Durch solche Worte unserer Eltern entwickelten wir die Einstellung: *»Nur wenn ich so bin, wie andere mich haben wollen, dann bin ich liebenswert und bekomme deren Liebe und Anerkennung. Tue ich jedoch, was ich möchte, dann muss ich Angst haben, dass das den anderen nicht gefällt, und wenn den anderen nicht gefällt, was ich mache, dann lassen sie mich vielleicht im Stich und lehnen mich ab, und das wäre mein Ende.«*

Was blieb uns anderes übrig, als brav zu sein, wenn wir nicht die Liebe unserer Eltern verlieren wollten? Wir hatten keine andere Wahl, als ein braver Junge oder ein braves Mädchen zu sein und uns nach den Spielregeln der Erwachsenen zu verhalten.

Nun sollte man meinen, dass sich diese Angst, verlassen oder nicht mehr gemocht zu werden, verliert, wenn wir älter werden. Denn schließlich sind wir als Erwachsene ja in der Lage, für uns selbst zu sorgen. Wir sind anderen nicht mehr auf Gedeih und Verderb ausgeliefert. Doch weit gefehlt. Das Kind von damals und seine Ängste wohnen immer noch in uns. Wir sind längst keine Kinder mehr, die, um überleben zu können, es anderen recht machen müssen, und dennoch verhalten wir uns noch so, als ob Ablehnung einem Todesurteil gleichkäme. Wir leben immer noch in der Zwangsjacke des Nett-sein-Müssens und Andere-nicht-enttäuschen-Dürfens und trauen uns nicht, sie abzulegen. Wir haben Hemmungen, uns durchzusetzen und unsere Bedürfnisse und Wünsche zu äußern. Wir tun vieles nur, um andere zufrieden zu stellen und bei diesen anzukommen. Wir sagen Ja, obwohl wir Nein sagen möchten, und sagen nichts um des lieben Friedens willen. Ringen wir uns einmal durch, das zu tun, was wir möchten und was wir für richtig halten, dann haben wir ein schlechtes Gewissen und fühlen uns wie ein Schwerverbrecher. Sagt uns dann zu allem Elend auch noch jemand, wir seien egoistisch und würden nur an uns denken, dann ist es völlig aus.

Wir haben unsere Lektion verdammt gut gelernt und all die Jahre wohl genährt. Dies war jedoch nicht die einzige Lektion, die uns unsere Eltern – wohlgemerkt in den besten Absichten – verpassten.

Eine andere Lektion bestand darin, uns auf sehr persönliche und verletzende Weise auf unsere Fehler und Schwächen aufmerksam zu machen und uns mehr zu tadeln als zu loben.

Wissen Sie, wie häufig Sie bis zum Alter von fünf Jahren vermutlich im Durchschnitt getadelt wurden? Ein Psychologe hat errechnet, dass Kinder bis zum fünften Lebensjahr häufig schon mehr als 40.000-mal getadelt wurden! Wissen Sie, was das bedeutet? Ein Kind, das bis zum Alter von fünf Jahren 40.000-mal getadelt wurde, wurde im Monat im Durchschnitt ca. 666-mal und pro Tag 22-mal getadelt.

Wen wundert es da, wenn wir als Erwachsene unsicher und voller Selbstzweifel sind? Wenn wir ständig nur kritisiert werden, und das häufig noch in einer so verletzenden Art und Weise wie *»Du Taugenichts«, »Du Idiot«, »Du Versager«, »Du dumme Gans«* usw., dann werden unser Selbstvertrauen und unser Selbstwertgefühl, das wir alle hatten, zerstört. Wir lernen zwangsläufig, an uns zu zweifeln, und entwickeln infolge davon Ängste und Hemmungen.

Neben unseren Eltern haben noch andere Personen einen Einfluss auf unsere Entwicklung im Allgemeinen und unser selbstsicheres Verhalten im Speziellen gehabt. Als wir in die Schule kamen, mussten wir wieder nach Regeln leben, die andere für uns aufstellten. Wir mussten still sitzen und wurden in Form schlechter Noten bestraft, wenn wir nicht lernten. Angepasstes Verhalten wurde belohnt, unangepasstes bestraft. Kinder, die sich nicht anpassten, wurden als Querulanten, Aufsässige, schwer Erziehbare oder Störenfriede bezeichnet. Entweder versuchte man, sie durch Strafen auf den »richtigen« Weg zu bringen, oder sie landeten bei einem Psychologen, der ihnen beibringen sollte, sich anzupassen. Ebenso unerwünscht und unbequem sind Kinder, die versuchen, zu mündigen Bürgern zu werden, indem sie das Schulsystem, die Verhaltensregeln und andere Bestandteile der Ordnung hinterfragen oder einfach nur unbequeme

Fragen stellen, die die Machtinhaber (Lehrer, Eltern usw.) in Verlegenheit bringen.

Schließlich hat auch die Kirche ihr Scherflein dazu beigetragen, kein Selbstbewusstsein aufkommen zu lassen. Sie predigt Demut und Selbstaufopferung. Sie sagt: »Halte auch die linke Wange hin, wenn dir einer auf die rechte Wange haut.« Christlich soll es sein, für die Verirrten zu beten und ihnen zu verzeihen, wenn diese uns hintergehen oder schaden. Den einzigen Trost, den gute Christen haben, die sich an die Bibel halten, ist, dass sie ins Paradies kommen. Ein schwacher Trost für all das Leid, das sie sich auf Erden zufügen lassen.

Doch damit nicht genug. Unsere Eltern, Lehrer und die anderen Erwachsenen gaben uns eine Menge Verhaltensregeln mit auf den Weg, die es – unter Androhung von Liebesentzug – galt einzuhalten und die heute dazu beitragen, dass wir Angst vor Ablehnung haben. Einige dieser Regeln lauteten:

- Das schickt sich nicht für ein Mädchen, für einen Jungen.
- Widersprich deinem Lehrer nicht.
- Respektiere ältere Menschen.
- Geben macht seliger als nehmen.
- Verscherze es dir nicht mit anderen.
- Sei höflich und zuvorkommend.
- Rede nicht, bevor du gefragt wirst.
- Man kann nicht immer, wie man will.
- Man muss oft gute Miene zum bösen Spiel machen.
- Untersteh' dich, so mit mir (deinem Vater) zu sprechen.
- Was sollen die Nachbarn von dir denken?
- Ein Junge weint nicht.
- Das gehört sich nicht.
- Was du machst, mach' es richtig oder lass' es sein.
- Du solltest dich schämen, deiner Mutter so weh zu tun.

- Du bringst mich noch ins Grab mit deiner ewigen ...
- Lass niemanden merken, wie es in dir aussieht.
- Es ist unhöflich, etwas auf dem Teller liegen zu lassen.
- Nimm dich nicht so wichtig.

Neben diesen Einflüssen können auch Erfahrungen mit Gleichaltrigen dazu beitragen, dass wir Hemmungen entwickeln. Wenn ein Junge z. B. eine sehr starke Brille trägt, dicklich oder sehr schmächtig ist, oder wenn der Vater arbeitslos ist, dann kann es leicht passieren, dass seine Mitschüler ihn hänseln und ihn aus ihrer Clique ausschließen. Er ist nicht nur unbeliebt, er fühlt sich dann auch ungeliebt, wenn Erwachsene es nicht verstehen, gegenzusteuern, indem sie ihm klar machen, dass er ein liebenswerter Mensch ist, auch wenn andere ihn nicht mögen.

Auch kann der Rang eines Kindes in der Geburtenfolge einen Einfluss haben. So werden an Erstgeborene und Einzelkinder in der Regel sehr viel höhere Erwartungen in Bezug auf Leistung und Erfolg gestellt als an die nachfolgenden Geschwister. Dies kann zu einer Überforderung führen, die bei dem Kind Minderwertigkeitsgefühle hervorrufen kann.

Schließlich färbt unsicheres Verhalten der Eltern auch auf die Kinder ab. Wenn eine Mutter schüchtern und gehemmt ist, dann wird sich das Kind viele Denk- und Verhaltensweisen bei ihr abschauen und diese übernehmen.

Natürlich lernen wir nicht nur, gehemmt und unsicher zu sein. Wenn wir dazu neigen, aggressiv zu reagieren, dann haben wir dieses Verhalten ebenfalls gelernt. So haben wir als Kind vielleicht die Erfahrung gemacht, dass man wütend sein, auf den Boden stampfen, schreien oder sich ungehörig benehmen muss, um seinen Willen durchzusetzen. Eltern, die ihre Ruhe haben wollten oder es nicht verstanden, mit solch einem Trotz-Verhalten) richtig umzugehen, gaben nach. Wir haben dann gelernt, ich muss mich nur aggressiv genug benehmen, dann bekomme ich, was ich will. Als Erwachsener reagiert man dann auch so »ungezogen« oder »unbeherrscht«, um ans Ziel zu kommen.

Wenn Sie selbstsicherer auftreten möchten, wenn Sie Ihre Hemmungen und Schüchternheit überwinden wollen, dann müssen Sie sich entweder von der Angst vor Ablehnung und von der Angst zu versagen befreien, oder Sie müssen lernen, sich von diesen Ängsten nicht davon abhalten zu lassen, selbstsicher aufzutreten. Sie müssen sich quasi so verhalten, als hätten Sie keine Ängste. Dies ist absolut nichts Neues für Sie. Sie haben das bei anderen Gelegenheiten schon oft getan, etwa beim Zahnarzt. Ich kenne niemanden, der gerne zum Zahnarzt geht. Trotzdem gehen wir hin. Wir setzen uns also über unsere Angst hinweg bzw. hören nicht auf sie. Genauso können Sie auch mit Ihrer Angst vor Ablehnung verfahren – einfach nicht auf sie hören. Ich weiß, das ist alles andere als leicht. Das kostet eine Menge Überwindung. Aber es ist möglich. Ich sage Ihnen das auch nur, weil ich Ihnen damit verdeutlichen will, dass Ihre Angst Sie von nichts abhält. Sie können sich über sie hinwegsetzen.

Wenn Sie Ihre Angst vor Ablehnung und die Angst zu versagen verringern wollen, dann müssen Sie lernen, Ihr Selbstwertgefühl zu stärken.

In dem Maße, in dem Sie sich selbst annehmen und sich von Minderwertigkeitsgefühlen befreien, werden auch diese Ängste verschwinden, und an deren Stelle werden Selbstsicherheit und Selbstbewusstsein treten.

Wir haben nämlich nur deshalb Angst, von anderen abgelehnt zu werden, weil wir uns selbst ablehnen. Wir haben nur deshalb Angst, andere könnten uns für einen Fehler kritisieren, weil wir uns selbst für den Fehler kritisieren. Wenn wir es nicht für eine Katastrophe halten, einen Fehler zu machen, dann haben wir auch keine Angst, andere könnten so denken.

Meine Klienten sagen oft: »*Ich habe Angst, der andere könnte mich ablehnen.*« Wenn ich frage: »Woher wissen Sie das? Können Sie Gedanken lesen?«, ist die Antwort: »*Nein, ich befürchte das nur.*«

Wie kommen diese Klienten aber auf den Gedanken, dass andere sie ablehnen könnten? Die Antwort ist: Weil sie sich selbst ablehnen. Sie halten es für schlimm, einen Fehler zu machen, und denken, andere würden genauso darüber denken. Sie schließen also von sich auf andere. Und weil sie es selbst für schlimm halten, einen Fehler zu machen, und sich dafür verurteilen, haben sie auch Angst, ihre Mitmenschen könnten genauso reagieren.

Wenn Sie nichts Schlimmes daran fänden, einen Fehler zu machen, dann kämen Sie gar nicht auf den Gedanken, dass andere etwas Schlimmes daran finden könnten. Auch würde es Ihnen dann überhaupt nichts ausmachen, wenn die anderen Sie dafür kritisieren würden, dass Sie einen Fehler gemacht haben.

Wenn wir uns für etwas schämen oder uns für minderwertig halten, dann können wir nicht selbstbewusst auftreten. Dann müssen wir Hemmungen haben, da wir Angst haben, die anderen würden unsere Fehler auch für schlimm halten und uns deshalb ablehnen, so wie wir es mit uns selbst tun. Auch fühlen wir uns anderen nicht gewachsen, wenn wir uns minderwertig fühlen, und haben deshalb Hemmungen, selbstsicher aufzutreten. Wir halten andere dann für besser und wertvoller und lassen denen den Vortritt.

Durch die Erziehung, die wir genossen haben, und die Verhaltensregeln und Maßstäbe, die uns unsere Eltern und Erzieher mit auf den Weg gegeben haben, sind wir leicht manipulierbar, wenn wir nicht aufpassen. In Kapitel 10 werde ich Ihnen zeigen, durch welche Worte und Verhaltensweisen andere es schaffen, Sie, wie Ihre Eltern, zu manipulieren. Wenn Sie die Manipulationsversuche der anderen durchschauen, dann haben die anderen schon einen Teil der Macht eingebüßt. Zunächst wollen wir uns jedoch im nächsten Kapitel einige Vorurteile und falsche Anschauungen im Zusammenhang mit selbstsicherem Verhalten ansehen.

Was möchte ich mir merken?

1 ....

2 ....

3 ....

4 ....

5 ....

Wenn dir nicht gefällt,
wer oder was du bist,
kein Problem:
so lange du lebst,
kannst du wachsen
und dich verändern.

3
Mythen über die Selbstsicherheit und selbstsichere Menschen

Ich habe die Erfahrung gemacht, dass es in Bezug auf selbstsicheres Auftreten bzw. dessen Erlernen gewisse Vorurteile und falsche Auffassungen gibt. Wenn auch Sie Ihre Zweifel oder Skepsis haben, dann sollten Sie sehr genau darauf achten, dass Sie diese ausräumen. Sonst könnte es passieren, dass Ihre Vorurteile zu Stolpersteinen werden, über die Sie fallen und die Ihnen so das Erlernen selbstsicheren Verhaltens erschweren oder unmöglich machen.

1. Mythos
Nur wenn man selbstsicher ist, wird man von anderen Menschen geschätzt und diese mögen einen. Wenn Menschen merken, dass man unsicher ist, dann verlieren sie jeglichen Respekt vor einem und wollen nichts mehr mit einem zu tun haben.
Die Wahrheit ist: Es gibt sehr viele Menschen, die finden es wahnsinnig sympathisch, wenn man eine Schwäche von sich preisgibt. Bei diesen Menschen hat man einen Stein im Brett, wenn man ihnen zeigt: »Schau her, ich bin auch nur ein Mensch und kein Superman. Ich habe auch meine Fehler.« Dadurch gewinnt man erst an Achtung, weil nämlich sehr viel dazu gehört, Schwächen von sich zu zeigen – sehr viel mehr, als sich nach außen hin stark zu geben. Auch erleichtert man es seinen Mitmenschen dadurch, selbst Mensch sein zu dürfen. Wenn unsere Mitmenschen merken, dass man selbst ein gesundes und normales Verhältnis zu Fehlern und

Schwächen hat, dann erleichtert das ihnen, auch ihre Fehler zu zeigen. Sie müssen dann nicht krampfhaft versuchen, sie zu verbergen, und vorgeben, etwas zu sein, was sie nicht sind. Denn machen wir uns nichts vor. Jeder Mensch hat seine Fehler und fast jeder versucht, diese Fehler vor dem anderen geheim zu halten aus Angst, an Ansehen zu verlieren. Welch großer Anstrengung diese Schauspielerei bedarf, wissen Sie aus eigener Erfahrung.

2. Mythos
Es ist möglich, sich in jeder Situation 100%ig selbstsicher zu verhalten.
Es gibt wohl keinen Menschen, der immer und überall selbstbewusst auftritt und sich gegenüber jedem durchsetzen kann. Ich habe viele Menschen kennen gelernt, die im Beruf sehr selbstsicher auftraten, die privat aber sehr gehemmt und schüchtern waren. Ein sehr erfolgreicher Geschäftsmann, der bei mir in Therapie war, hatte überhaupt keine Probleme, sich beruflich durchzusetzen. War er jedoch in einem Restaurant, in dem man ihn nicht kannte, dann getraute er sich nicht, sich über ein schlechtes Essen zu beschweren. Positionen, Fachwissen und gewisse Fertigkeiten können einem eine gewisse Sicherheit geben. Man kennt sich in seinem Metier aus, weiß, worüber man spricht, und ist sich seiner Sache sicher. Sobald man aber nicht mehr als der Fachmann auftreten kann, sobald man quasi keinen Heimvorteil mehr hat und nur noch der Mensch gefragt ist, verliert man den Boden unter den Füßen und ist sich seiner unsicher.

Auch Sie werden sehr wahrscheinlich nie in allen Lebenslagen selbstsicher auftreten können. Dazu müssten Sie sich völlig umkrempeln und all Ihre Problemzonen überwinden – ein lebenslanges Unterfangen, das vielleicht einigen Buddhisten gelingt, die jahrelang meditieren.

3. Mythos

Selbstsicheres Verhalten kann man nicht lernen. Entweder man hat es oder man hat es nicht.

Wenn dem so wäre, dann hätten Sie das Geld für dieses Buch hinausgeschmissen. Ich versichere Ihnen jedoch, dass dies nicht zutrifft. Selbstsicheres Auftreten kann man lernen – gleichgültig, wie alt man ist und wie viele Jahre man als schüchterner und unsicherer Mensch auf dem Buckel hat. Sie werden allerdings sehr viel dafür tun müssen. Es wird Ihnen nicht in den Schoß fallen.

4. Mythos

Wenn man selbstsicher ist, kann man alles im Leben erreichen.

Noch so ein Unsinn. Selbstsicheres Auftreten ist kein Garant dafür, dass man alles bekommt, was man möchte. Es ist höchstens die Voraussetzung dafür, dass man sich getraut, anderen seine Wünsche und Bedürfnisse ohne Hemmungen mitzuteilen, und so die Chancen größer sind, das zu erreichen, was man möchte. Selbstbewusstsein garantiert jedoch nicht, dass man auch alles bekommt. Schließlich haben die anderen das Recht, Nein zu sagen, so wie wir das Recht haben, Nein zu sagen.

Wenn man selbstsicher auftreten kann, dann erleichtert das vieles. Man kann viele Türen aufstoßen – aber viele werden von anderen auch wieder zugeschlagen.

5. Mythos

Es dauert Jahre, bis man seine Hemmungen über Bord geworfen hat.

Wie lange es dauert, bis man einen Teil seiner Hemmungen und seiner Schüchternheit über Bord geworfen hat, kann ich Ihnen nicht verbindlich sagen. Wenn ich mich so anschaue, dann kann ich nur sagen, dass es ein Prozess ist – ein lebenslanger Prozess. Manche Hemmungen kann man in ganz kurzer Zeit, in ein paar Tagen oder Wochen, überwinden, manche begleiten einen sehr lange. Verbindlich kann ich Ihnen nur eines sagen: Wenn Sie am Ball bleiben und sich immer wieder im selbstsicheren Auftreten üben, dann können Sie in einigen Wochen Fortschritte an sich bemerken. Sie bestimmen zu einem Großteil das Tempo, in dem Sie vorankommen. Je mehr Sie trainieren und das Gelesene auf sich anwenden, desto schneller werden Sie Ihrem Ziel näher kommen.

6. Mythos
Was Hänschen nicht lernt, lernt Hans nimmermehr.
Ein dummer Spruch, der sich bis heute immer noch recht hartnäckig hält. Die Wahrheit ist: Hans kann sehr wohl lernen, was er als Hänschen versäumt hat zu lernen. Das Alter ist kein Hindernis für persönliche Weiterentwicklung. So lange man lebt und denken kann, kann man sich auch ändern.

7. Mythos
Wer selbstsicher auftritt, ist auch selbstsicher.
Was für ein Trugschluss! Eine Menge selbstsicheren Verhaltens bei anderen Menschen ist nichts weiter als Fassade. Wenn ich mich so anschaue, wie ich im Alter von 15 bis 30 Jahren war, dann fühlte ich mich alles andere als selbstsicher. Gewiss, ich trat selbstsicher auf, aber das war nur Fassade. Dahinter verbarg sich ein kleiner und unsicherer Mensch, der es nur trefflich verstand, andere nicht in sich hineinschauen zu lassen, und der ein Meister der Schauspielerei war.

»Na, das ist doch was«, werden Sie vielleicht denken. *»Besser, man kann so tun, als ob man selbstsicher ist, als wenn man wie ein ängstliches und verschrecktes Häschen herumläuft.«* Mag sein. Aber das Gelbe vom Ei ist es nicht, glauben Sie mir. Denn letztlich zählt nur, wie es in einem selbst aussieht.

Viele Menschen verstehen es meisterhaft, ihren Mitmenschen etwas vorzumachen. Sie spielen einem eine heile Welt vor, zeigen einem eine heile Familie und eine heile Partnerschaft. Alles nur Schein. Dahinter verbirgt sich oft ein Chaos, dahinter verbergen sich sehr oft Tragödien und menschliches Unglück. Wegen der Nachbarn und anderer Menschen tut man so, als sei alles in Butter, und in Wirklichkeit steht man am Rande eines Abgrundes. Die nettesten Männer entpuppen sich plötzlich als Monster. Die stets freundlichen und liebevollen Ehefrauen nehmen sich scheinbar aus heiterem Himmel das Leben und Ehemänner erschießen oder erschlagen ihre Ehefrauen. Viele können sich nur selbstsicher verhalten, wenn sie sich Mut antrinken oder ein Beruhigungsmittel nehmen.

Nicht alles, was glänzt, ist Gold und nicht jeder, der selbstsicher auftritt, ist es auch. Es gibt mehr Menschen, die unsicher sind, denen man es aber nicht auf den ersten Blick ansieht, als Sie glauben.

8. Mythos
Selbstsicher auftreten kann nur, wer es zu etwas gebracht hat und etwas darstellt.
Gewiss, Erfolg im Leben kann dazu beitragen, dass man das Gefühl hat, wer zu sein, und man deshalb auch selbstsicherer auftreten kann. Wenn man jedoch sein Selbstbewusstsein nur von seinem beruflichen Erfolg abhängig macht, dann schwebt über einem ständig ein Damoklesschwert. Lässt der Erfolg oder das, wofür man ihn hält, nach, dann geht mit ihm auch das Selbstbewusstsein. Andererseits gibt es viele Beispiele dafür, dass auch Menschen, die es im Sinne unserer Leistungsgesellschaft zu nichts gebracht haben, selbstsicher auftreten können. Auch gibt es Menschen, die trotz eines körperlichen Handicaps wie etwa einer Querschnittslähmung oder Glasknochen sehr wohl selbstbewusst auftreten können, die sich nichts aus ihrer Schwäche machen bzw. sie

nicht zum Anlass nehmen, um sich abzuwerten. Nein, wahres Selbstbewusstsein hat nichts mit Erfolg und Leistung zu tun. Ein »einfacher« Mann oder eine »einfache« Frau, der/die sich Tag für Tag abrackern muss, um etwas auf den Tisch zu bringen, kann ebenso selbstbewusst und selbstsicher auftreten wie ein Prominenter. Wahres Selbstbewusstsein hat nichts mit Äußerlichkeiten zu tun. Es hat etwas damit zu tun, wie man sich selbst sieht und für wie wertvoll man sich hält.

9. Mythos
Es ist unmoralisch und unsozial, selbstsicher aufzutreten.
Diese Befürchtung wird entweder von unsicheren Menschen vorgebracht, die befürchten, sie könnten sich zu Monstern entwickeln, wenn sie lernen würden, sich mehr durchzusetzen, oder sie wird von jenen als Argument ins Feld geführt, die zu Recht darum bangen müssen, dass man nicht mehr nach ihrer Pfeife tanzt. **In Wahrheit ist selbstsicheres Auftreten ein ganz natürliches Verhalten, ja geradezu ein Grundrecht oder Menschenrecht.** Diejenigen, die uns dieses Recht streitig machen wollen, sind unsozial und unmoralisch, denn sie machen uns dieses Recht nur deshalb streitig, weil sie es für sich ganz allein beanspruchen wollen.

Was möchte ich mir merken?

1 ....

2 ....

3 ....

4 ....

5 ....

4

Hat es Vorteile, wenn man unsicher ist?

Im Allgemeinen halten wir Hemmungen und Selbstunsicherheit für nachteilig und wünschen uns, lieber heute als morgen selbstsicherer auftreten zu können. Sich nicht durchsetzen zu können hat aber auch seine Vorteile. Es sind zwar keine echten Vorteile, da sie Ihnen keine wirkliche Macht oder Identität geben, aber diese Vorteile können so groß sein, dass man lieber der schüchterne und unsichere Mensch bleibt, als dass man sich ändert. Deshalb wollen wir uns hier einmal genauer anschauen, was man davon hat, wenn man unsicher und gehemmt ist. Das Wissen um die Vorteile, die Sie haben, wenn Sie andere über sich bestimmen lassen, kann Sie auf den Weg in die Freiheit führen. Schauen Sie sich deshalb die nachfolgende Liste genau durch und überprüfen Sie, ob Sie sich auch den einen oder anderen Vorteil Ihrer Unsicherheit zu Nutze machen.

Vorteile, die Sie haben, wenn Sie sich nicht durchsetzen

1. Vorteil

Sie haben einen Sündenbock, wenn Sie aus Angst vor Ablehnung nachgeben. Die anderen bzw. Ihre Hemmungen sind schuld daran, dass Sie vom Leben benachteiligt werden. Dadurch sind Sie scheinbar der Verantwortung enthoben, etwas gegen Ihre Unsicherheit tun zu müssen, was mit

Risiken verbunden wäre, und was bedeuten würde, dass Sie die Verantwortung für Ihre Probleme übernehmen müssten. Sie bleiben lieber in Ihrem Gefängnis, das Ihnen eine gewisse Sicherheit bietet, als sich auf den Weg in eine ungewisse und vermeintlich gefährliche Freiheit zu machen.

2. Vorteil

Sie können sich an andere (stärkere) Menschen anlehnen und müssen nicht das Risiko eingehen, Verantwortung für Ihr eigenes Leben zu übernehmen. Dadurch machen Sie sich jedoch unfrei. Sie sind von den anderen abhängig, sind denen auf Gedeih und Verderb ausgeliefert. Sie leben ständig in der Angst, die anderen könnten Sie verlassen und Sie würden dann hilflos und alleine dastehen.

3. Vorteil

Wenn Sie andere Menschen über sich bestimmen lassen, mögen diese Sie – zumindest hat es manchmal den Anschein. Es ist jedoch ein schwacher Trost, für einen netten, zurückhaltenden, stillen, anspruchslosen und bescheidenen Menschen gehalten zu werden, wenn man im Gegenzug dafür auf die Verwirklichung seiner Wünsche und Bedürfnisse verzichten soll. Auch ist es nicht so, dass andere einen wirklich mögen, wenn man nachgibt. Das ist eine Illusion. In Wahrheit belächeln oder verachten einen die anderen, wenn man nachgibt. Sie haben keinen Respekt vor einem. Sie sind nur so lange nett zu uns, wie wir uns von ihnen manipulieren lassen.

4. Vorteil

Sie haben das Gefühl, ein Märtyrer zu sein. Sie können sich selbst bemitleiden und werden (vielleicht) von anderen bemitleidet, denen Sie Ihr Leid klagen. Die Folgen von Selbst- und Fremdmitleid sind jedoch viel schlimmer als der kleine Gewinn, sich wie ein Märtyrer zu fühlen. Die Folgen sind nämlich Depressionen bis hin zu Selbstmordgedanken.

5. Vorteil

Es erzeugt ein (falsches) Gefühl von Sicherheit, dass jeder, den Sie als Autorität akzeptieren, im Gegenzug dafür die Verantwortung übernimmt, für Sie zu sorgen. Ein wenig Sicherheit als Ersatz für die Freiheit, über Ihr Glück selbst zu bestimmen und das Beste aus sich und Ihrem Leben zu machen. Aber auch dieses Gefühl ist trügerisch und entspricht in keinster Weise der Wirklichkeit. Sobald Sie für die anderen nicht mehr nützlich sind, lassen diese Sie fallen. Sie bleiben dann mit dem Gefühl des Ausgenutztseins zurück. Außerdem sind viele Menschen skrupellos: Sie nehmen nur und geben nichts. Es ist also ein trügerisches Gefühl, mit dem man böse Überraschungen erleben kann.

6. Vorteil

Sie kommen sich tugendhaft vor, weil Sie anderen den Vortritt lassen. Das gibt Ihnen vielleicht die Möglichkeit, sich für edel und etwas Besseres zu halten. Was für einen hohen Preis müssen Sie aber für dieses Gefühl bezahlen? Er steht in keiner Relation zu dem, worauf Sie verzichten: Glück, Zufriedenheit, seelische und körperliche Gesundheit.

7. Vorteil

Sie können andere kontrollieren, indem Sie sie daran erinnern, wie viel Sie für sie geopfert haben und wie viel sie Ihnen dafür schulden. Gewiss, mit dieser Manipulation bekommen Sie manchmal, was Sie möchten, aber eben auch nur manchmal. Ganz abgesehen davon gibt es andere weit erfolgreichere Wege und Möglichkeiten, ans Ziel zu gelangen, als die, andere durch den Einsatz von Schuldgefühlen zu manipulieren.

8. Vorteil

Sie gehen Konflikten aus dem Weg – zumindest erhoffen Sie sich das. Aber es ist eben nur eine Hoffnung. Gewiss, eine Zeit lang können Sie Ihr Gefühl, zu kurz zu kommen und ausgenutzt zu werden, unter den Teppich kehren. Irgendwann einmal aber brechen all der Ärger und der Frust aus Ihnen heraus. Dann explodieren Sie und jeder um Sie herum fragt sich verständnislos, was denn in Sie gefahren ist. Oder aber Sie können sich bald selbst nicht mehr in die Augen schauen, weil Sie jede Selbstachtung verloren haben, und werden depressiv.

9. Vorteil

Sie vermeiden Schuldgefühle, die Sie bekämen, wenn Sie sich durchsetzen und andere Ihnen vorwerfen würden, Sie seien egoistisch. Nun, mithilfe dieses Buches können Sie lernen, sich ohne Schuldgefühle durchzusetzen. In dem Moment, in dem Sie es als Ihr Recht ansehen, selbstsicher aufzutreten, werden Sie Ihre Rechte auch mit einem guten Gefühl wahrnehmen.

10. Vorteil

Wenn man andere die Entscheidungen treffen lässt, **dann braucht man auch nicht dafür geradezustehen, wenn etwas schief geht.** Man ist fein raus, weil man sagen kann: »Das war deine Idee.« Wenn man jedoch aus Angst davor, für seine Entscheidungen die Verantwortung übernehmen zu müssen, keine Entscheidungen trifft, dann muss man zwangsläufig zu kurz kommen und frustriert sein.

Diese vermeintlichen Vorteile haben fast alle einen entscheidenden Nachteil. Sie erzeugen die gefährliche Illusion, dass es besser ist, sich nicht zu ändern. Diese Illusion ist deshalb gefährlich, weil die vermeintlichen Vorteile keine Entschädigung für die entgangene Zufriedenheit sind. **Wenn wir zurückstecken und um des lieben Friedens willen nachgeben, dann zahlen wir einen sehr hohen Preis.**

Wenn wir ehrlich sind, hat es nur **Nachteile** nachzugeben:

- Sie werden häufig ausgenutzt,
- Sie meiden den Kontakt zu anderen,

- fühlen sich ausgeschlossen und isoliert,
- Sie werfen Geld zum Fenster hinaus, weil Sie sich nicht getrauen, schlechte Ware umzutauschen,
- Sie kaufen Dinge, die Sie nicht brauchen, weil Sie es nicht übers Herz bringen, Nein zu sagen,
- Sie trauen sich nicht, Entscheidungen zu treffen, aus Angst, sie könnten falsch sein und Sie könnten dafür ausgelacht oder kritisiert werden,
- infolge von Unsicherheit, die zu Verkrampfung und Anspannung führt, kommt es häufig zu körperlichen Beschwerden wie Kopfschmerzen, einem nervösen Magen, Asthma usw.,
- Sie sind abweisend, um andere auf Distanz zu halten,
- Sie haben Angst, von anderen ausgenutzt zu werden, wenn Sie freundlich sind (weil Sie sich nicht wehren können),
- Sie haben ständig Angst, die Gefühle von anderen zu verletzen oder kritisiert zu werden,
- Sie sind ständig mit sich selbst beschäftigt und wie Sie auf die anderen wirken. Ständig leben Sie in der Angst, das Falsche zu tun oder zu sagen, und, und, und ...

Sich selbst aufzuopfern hat keine echten Vorteile. Sind Sie bereit, auf diese (Schein-)Vorteile zu verzichten und danach zu streben, wirkliche Vorteile zu erlangen? Dann begleiten Sie mich in Teil II. Dort zeige ich Ihnen, wie Sie beginnen können, sich durchzusetzen.

Was möchte ich mir merken?

1 ....

2 ....

3 ....

4 ....

Teil II

Kennen Sie Ihre Rechte als Mensch? Nein? Das ist nicht tragisch. Gleich im Anschluss hieran möchte ich Ihnen darüber einiges berichten. Das Wissen um Ihre Rechte verwandelt Sie zwar nicht automatisch in einen selbstsicheren Menschen, aber es ist *eine* der Voraussetzungen für selbstsicheres Auftreten.

Eine weitere Voraussetzung ist, dass Sie Ihre Selbstgespräche, mit denen Sie sich allen Mut rauben, sich durchzusetzen, durch selbstsichere Selbstgespräche ersetzen. Selbstsicherheit beginnt nämlich in Ihrem Kopf. Sie erfahren genau, wie Sie Ihre negativen Selbstgespräche verändern und sich Mut machen können. Hierzu gehört auch, dass Sie aufhören, sich selbst in Gedanken abzuwerten und herabzusetzen. Wenn Sie selbstbewusster auftreten möchten, dann müssen Sie aufhören, andere für besser und wertvoller zu halten, oder anders ausgedrückt, Sie müssen lernen, dass Sie genauso wertvoll und wichtig sind wie andere und deshalb das gleiche Recht auf die Erfüllung Ihrer Wünsche haben wie andere.

Nicht minder wichtig ist ein Kapitel, in dem ich Ihnen aufzeige, wie andere Sie durch ihre Worte und ihr Verhalten zu manipulieren versuchen. Sie lernen, die Manipulationsversuche der anderen zu durchschauen und sich dagegen erfolgreich zur Wehr zu setzen.

Selbstsicheres Handeln
setzt selbstsicheres Denken
voraus.

5 Ihre Rechte als Mensch

Um selbstsicher auftreten und sich durchsetzen zu können, muss man auch seine Rechte als Mensch, als Angestellter, als Verbraucher und als Bürger kennen. Man muss wissen, worauf man Anspruch hat und welche Möglichkeiten es gibt, diesen Anspruch durchsetzen zu können. »Wissen ist Macht«, sagt ein Sprichwort. Richtigerweise müsste es heißen: Wissen, das man anwendet, ist Macht.

Sie können nur von einem Recht Gebrauch machen, das Sie kennen. Natürlich braucht man auch das entsprechende Selbstbewusstsein, um seine Rechte durchzusetzen. Man darf keine Angst haben, die einem zustehenden Rechte auch einzufordern. Wenn man jedoch nicht weiß, was einem zusteht und was nicht, dann nützt das beste Selbstbewusstsein nichts, man ist letztlich doch der Dumme.

Ihre persönlichen Rechte

Die nun folgenden Rechte haben keine gesetzliche Grundlage und sind auch nicht schriftlich verankert. Dennoch sind es Rechte, die Sie, ich und andere Menschen haben, einfach auf Grund der Tatsache, dass wir Menschen sind. Es sind persönliche Rechte, die man sich selbst und anderen einräumen sollte, da sie das Zusammenleben erleichtern.

– Wir haben das Recht, unsere Meinung zu ändern.
Wir können einen Standpunkt, den wir heute vertreten,

morgen aufgeben. Wir können morgen Nein sagen, wenn wir heute Ja gesagt haben. Manchmal versuchen andere, uns auf etwas festzunageln, was wir irgendwann einmal gesagt haben. Sie tun das, weil unser Sinneswandel für sie unangenehm ist oder wir für sie dadurch nicht berechenbar sind. Sie verlangen von uns vielleicht, unseren Sinneswandel zu rechtfertigen, damit sie entscheiden können, ob wir richtig handeln. Durch den Vorwurf, verantwortungslos zu sein, wollen sie uns manipulieren und dazu veranlassen, zu unserer alten Entscheidung zurückzukehren.

Das heißt nicht, dass man nach dem Satz »Was kümmert mich mein blödes Geschwätz von gestern« handeln sollte. Es geht auch nicht darum, ein Versprechen mutwillig oder aus einer Laune heraus zu brechen. Es können jedoch unvorhersehbare Ereignisse eintreten, die es notwendig machen, ein gegebenes Versprechen nicht einzuhalten. Es geht darum, dass wir das Recht haben, uns umzuentscheiden, wenn wir feststellen, dass wir uns geirrt haben, oder wenn wir erkennen, dass wir uns durch das Festhalten an einer Entscheidung in unvorhersehbarer Weise in unserer persönlichen Entfaltung einengen oder schaden. Auch können Entscheidungen, die für eine bestimmte Situation richtig sind, in einer anderen Situation falsch sein oder uns schaden.

– Wir haben das Recht, dass uns etwas nicht interessiert.

Andere versuchen gerne, uns vorzuschreiben, wofür wir uns zu interessieren haben: für ihre Meinung, für ihre Probleme, für Politik, für Kultur usw. Wenn wir sagen »Das interessiert mich nicht«, dann werfen uns andere oft vor, wir seien verantwortungslos, egoistisch oder unmoralisch. Wenn jemand uns einen solchen Vorwurf macht, dann geschieht das nur in der Absicht, uns zu unserem Nachteil zu manipulieren. Der andere will, dass wir uns für etwas interessieren, was ihm wichtig ist und woraus er einen Nutzen zieht.

– Wir haben das Recht, Nein zu sagen, ohne uns schuldig zu fühlen.

Ein Nein bedeutet immer, dass ein anderer auf etwas verzichten muss, dass er nicht bekommt, was er möchte. Es ist nur natürlich, dass er darüber nicht erfreut ist. Andererseits, wo steht geschrieben, dass man immer bekommen muss, was man haben möchte? Wir sind nicht dazu da, um die Wünsche der anderen zu erfüllen, und die anderen sind nicht dazu da, um uns unsere Wünsche zu erfüllen. Es ist schön, wenn wir von anderen etwas bekommen, aber ein Anrecht darauf haben wir nicht. Jeder ist für sich selbst und sein Glück verantwortlich. Die anderen schulden uns nichts und wir schulden der Welt nichts. »Das ist nicht fair«, werden die anderen sagen, um Sie zu manipulieren, und sie haben möglicherweise Recht damit. Aber wo steht, dass man ein Recht darauf hat, fair behandelt zu werden? Und überhaupt, was ist »fair«? Ist es fair, dass Menschen verhungern oder von Autos überfahren werden? Ist es fair, dass manche Menschen schon mit 30 Jahren sterben?

– Wir haben das Recht, Fehler zu machen.

Niemand ist vollkommen. Und doch versuchen andere manchmal, einen Fehler von uns als etwas Unrechtes hinzustellen, als etwas, das wir nicht hätten tun dürfen. Natürlich sind auch wir oft selbst nur allzu leicht bei der Hand, uns für Fehler zu kritisieren und verurteilen. Damit andere uns nicht mit dem Hinweis auf einen Fehler, den wir begangen haben, manipulieren können, müssen wir bei uns selbst anfangen und uns die Erlaubnis geben, Fehler machen zu dürfen. Verurteilen wir uns selbst für Fehler, dann haben andere ein leichtes Spiel, uns Schuldgefühle zu machen, und damit haben sie uns in ihrer Hand. Wir tun uns dann sehr schwer, dem anderen etwas abzuschlagen, da wir glauben, wir müssten unseren Fehler wiedergutmachen. Das heißt nicht, dass man Fehler nicht wiedergutmachen sollte, wenn man dadurch anderen Menschen wirklich geschadet hat. Es geht vielmehr darum, dass man dies nicht aus einem Gefühl der Schuld heraus tut, sondern aus der Einsicht, falsch gehandelt zu haben.

– Wir haben das Recht, andere um etwas zu bitten.
Viele Menschen getrauen sich nicht, andere um etwas zu bitten, weil sie befürchten, dem anderen Unannehmlichkeiten zu bereiten. Warum aber überlassen wir es nicht dem anderen zu entscheiden, ob ihm unsere Bitte Unannehmlichkeiten bereitet oder nicht? Kann der andere nicht für sich selbst entscheiden und Nein sagen? Natürlich kann der andere Nein sagen, und er hat sogar das Recht dazu. Wir schließen nur oft von uns auf andere. Fällt es uns schwer, anderen etwas abzuschlagen, dann meinen wir, anderen müsse es genauso gehen. Das mag sein, und wenn dem so ist, dann ist das deren Problem und diese sollten besser lernen, ohne Schuldgefühle Nein zu sagen. Das sollte uns jedoch nicht daran hindern, einen Wunsch zu äußern.

– Wir haben das Recht, uns nicht zu rechtfertigen.
»Wie kommst du dazu, so etwas zu machen?«, »Warum hast du das getan?« sind Worte, durch die andere uns veranlassen wollen, ihnen Rechenschaft über unser Verhalten abzulegen. Wenn wir jemandem etwas abschlagen, dann fragt der vielleicht: »Warum willst du mir nicht helfen?«, »Warum willst du mir nicht das Geld leihen?« Gehen wir auf die Frage ein, indem wir wahrheitsgemäß oder mit einer Notlüge antworten, dann wird uns der andere vielleicht durch den Vorwurf, wir seien egoistisch, zu überzeugen versuchen, dass wir im Unrecht sind, wenn wir ihm seinen Wunsch nicht erfüllen. Die Forderung nach Rechtfertigung unseres Verhaltens dient nur der Befriedigung des Egos des anderen und gibt ihm Macht über uns. Deshalb ist es müßig, Erklärungen abzugeben, warum man etwas tut oder nicht tut. Das zu entscheiden – ohne anderen gegenüber unser Verhalten zu rechtfertigen – ist einzig und allein unsere Sache.

– Wir haben das Recht, so zu leben, wie wir es möchten, solange wir anderen das gleiche Recht zugestehen.

Dieses Recht ist das umfassendste von allen und man könnte hierunter alle anderen Rechte zusammenfassen. Es wird jedoch immer jemanden geben, dem das nicht gefällt oder der der Auffassung ist, so sollte man nicht leben. In aller Regel missfällt dies anderen jedoch nur deshalb, weil sie dadurch über uns keine Macht mehr haben, sprich: uns nicht mehr ausnutzen können, oder weil sie neidisch auf uns sind, dass wir uns getrauen, wovor sie Angst haben.

Diese Rechte müssen wir Tag für Tag verteidigen, da andere immer wieder versuchen werden, sie uns streitig zu machen. Von seinen Rechten Gebrauch zu machen bedeutet nicht, skrupellos, unsozial oder ohne Mitgefühl zu sein. Es bedeutet nur, selbst frei zu entscheiden, was wir tun möchten und was nicht. Es geht um Selbstbestimmung versus Fremdbestimmung. Es geht darum, andere nicht entscheiden zu lassen, was für uns gut ist. Das können und müssen wir selbst tun.

Jetzt kennen Sie Ihre persönlichen Rechte. Genauso wichtig ist es für Sie, sich über Ihre Rechte als Verbraucher, als Angestellter, als Bürger, als Patient usw. zu informieren. Diese Rechte verändern sich ständig, sodass ich in meinem Buch nicht weiter darauf eingehen kann.

Was möchte ich mir merken?

1 ....

2 ....

3 ....

4 ....

5 ....

6
Selbstsicherheit beginnt in Ihrem Kopf

Damit Sie sich erfolgreich gegen manipulative Äußerungen wie »Du machst mich traurig«, »Du hast mich gekränkt« oder »Wegen dir geht es mir schlecht« zur Wehr setzen können, müssen Sie wissen, welche Verantwortung Sie in Bezug auf Ihre eigenen Gefühle und die Gefühle der anderen haben. Ziel dieses Kapitels ist, Sie damit vertraut zu machen, wie Gefühle entstehen und wie sie beeinflusst werden können. Dieses Wissen wird Ihnen helfen, Ihre eigenen Gefühle zu verstehen und besser in den Griff zu bekommen, und es ermöglicht Ihnen, selbstsicherer aufzutreten.

Glauben Sie, andere können Ihnen Angst einjagen, Sie deprimieren oder ärgerlich machen? Oder glauben Sie, die Gefühle anderer verletzen oder diese kränken zu können? Dann sitzen Sie in der Falle. Nicht nur, dass Sie sich dann anderen Menschen ausgeliefert fühlen und denen die Macht geben, über Ihr seelisches Befinden zu entscheiden. Sie fühlen sich dann auch dafür verantwortlich, wie es anderen geht, und sind dadurch leicht von diesen manipulierbar. Diese brauchen Ihnen nur sagen, dass Sie ihre Gefühle verletzt oder sie traurig gemacht haben, und schon fühlen Sie sich schuldig und getrauen sich nicht mehr, das zu tun, was Sie für richtig halten.

Durch diese Denkweise machen Sie sich zum Opfer, geben Ihr Leben und Ihr Glück aus der Hand und haben keinen Einfluss darauf, etwas daran zu ändern. Sie sind vollkommen von den anderen abhängig, sind denen ausgeliefert. Diese

Gefühle der Hilflosigkeit und des Ausgeliefertseins werden Sie nur zu gut kennen, und wenn es Ihnen wie den meisten Menschen geht, dann sind Sie darüber ziemlich verärgert. Vielleicht aber haben Sie sich und die Hoffnung, dass es noch einmal anders werden könnte, schon aufgegeben und haben resigniert.

Ich habe eine gute Nachricht für Sie. All dem können Sie ein Ende bereiten. **Sie können die Gefühle der Hilflosigkeit und des Ausgeliefertseins gegen die Gedanken »Ich bin der Steuermann meiner Gefühle« und »Ich führe in meinem Leben selbst Regie« eintauschen.** Sie können lernen, sich so zu fühlen und so zu verhalten, wie Sie möchten, unabhängig davon, was andere sagen oder tun oder wie die Umstände sind.

Wohlgemerkt, ich sagte »lernen«. Das bedeutet, dass Sie etwas dafür tun müssen. Es wird Ihnen nicht in den Schoß fallen. Sie werden Geduld mit sich haben müssen. Aber Sie können es schaffen, wie dies tausende vor Ihnen auch geschafft haben. Neugierig? Dann lassen Sie uns beginnen.

Sie fühlen, wie Sie denken

Diese 5 Wörter sind der Schlüssel, mit dem Sie sich aus der Rolle des Opfers befreien und mit dem Sie zum Steuermann Ihrer Gefühle werden können.

> *Nichts und niemand kann*
> *Ihre Gefühle verletzen, Sie deprimieren*
> *oder Ihnen schlechte Gefühle machen.*
> *Dies kann nur ein einziger Mensch: Sie.*

Ich weiß, auf den ersten Blick klingt das möglicherweise wenig aufmunternd. Nun sollen Sie auch noch daran schuld sein, wie Sie sich fühlen. Doch was für ein Glück, dass dem so ist. Denn nur, wenn Sie sich selbst Ihre negativen Gefühle machen, nur wenn Sie es sind, der sich selbst schüchtern und all die Hemmungen macht, nur dann können Sie auch etwas daran ändern. Richtig? Wenn es andererseits so wäre, dass die anderen Ihnen schlechte Gefühle machen könnten, ja, dann bliebe Ihnen doch nichts anderes übrig, als wie das Kaninchen vor der Schlange zu sitzen und zu hoffen, dass die anderen Sie nicht beißen. Aber das ist ja genau die Lage, in der Sie sich seit langem befinden und aus der Sie sich befreien wollen, oder?

Dass Sie sich selbst Ihre schlechten wie guten Gefühle machen, ist also Ihre große Chance, Ihr Lebensretter. So gesehen ist die Tatsache, dass Sie für Ihre Gefühle selbst verantwortlich sind, doch etwas sehr Positives, über das Sie sich freuen können. Endlich können Sie aufatmen und Hoffnung schöpfen. Schauen wir uns einige Beispiele an, die Ihnen zeigen, was es mit diesem »**Sie fühlen, wie Sie denken**« auf sich hat.

> **Beate**, eine 25-jährige Klientin, kam wegen depressiver Verstimmungen und Eifersuchtsproblemen in meine Praxis. Auf meine Frage, worüber sie deprimiert sei, antwortete sie: »Ich weiß auch nicht. Ich komme mir so hässlich vor.« (In meinen Augen war sie eine attraktive Frau, die die Blicke der Männer auf sich lenken musste, wo immer sie auftrat.) Also fragte ich sie, wie sie darauf käme, hässlich zu sein. »Mein Gesicht ist hässlich, vor allem meine Nase. Die ist viel zu groß. Überhaupt, meine Augen sind zu klein und meine Mundwinkel sind heruntergezogen.« Wieder konnte ich an ihrer Nase oder ihren Augen nichts Auffälliges feststellen. Für mich waren sie völlig normal. Und dennoch war diese junge Frau so davon überzeugt, hässlich zu sein, dass sie, wenn überhaupt, nur flüchtig in den Spiegel schaute und sich vor sich selbst ekelte.

Nun frage ich Sie: Ist es verwunderlich, dass diese Frau angesichts ihrer negativen Meinung von sich deprimiert ist?

Nein, sie muss sich zwangsläufig so fühlen. Würde sie sich bei diesem Bild, das sie von sich hat, gut fühlen, dann würde etwas nicht mit ihr stimmen. Sie reagierte aber gefühlsmäßig vollkommen normal, eben so, wie jemand, der von sich denkt, hässlich zu sein. Sie fühlte, wie sie dachte.

Peter kam wegen seiner Schüchternheit in meine Praxis. Er hatte keine Freundin, weil er große Schwierigkeiten hatte, auf Frauen zuzugehen. Auf meine Frage, was er befürchte, wenn er in der Disco eine Frau anspreche, antwortete er: »Bestimmt gibt sie mir einen Korb. Das könnte ich nicht ertragen. Einmal habe ich all meinen Mut zusammengenommen und prompt eine Abfuhr bekommen. Das war mir sowas von peinlich. Am liebsten hätte ich mich in Luft aufgelöst. Ich stand da wie ein begossener Pudel. Ich konnte richtig sehen, wie die anderen Männer sich über mich lustig gemacht haben. Die hat es richtig gefreut, dass sie mich hat abblitzen lassen, die dumme Kuh.« Auf meine Frage, wie er darauf kommt, dass ihm das beim nächsten Mal auch passieren würde, antwortete er: »Ich bin einfach nicht der Typ, auf den die Frauen stehen. Was hab' ich auch schon vorzuweisen? Wer will jemanden wie mich zum Freund haben?«

Verständlich, dass Peter große Angst hatte, einen zweiten Anlauf zu nehmen. Er redete sich ein, noch ein Nein nicht ertragen zu können. Was aber noch schlimmer ist und was letztlich für seine Schüchternheit verantwortlich war, war seine schlechte Meinung von sich. Er redete sich ein, nicht der Typ zu sein, auf den Frauen stehen, und nichts vorweisen zu können, was ihn interessant macht. Die erste Ablehnung hatte ihn in seiner schlechten Meinung – kein Frauentyp und nicht attraktiv zu sein – von sich bestärkt. Was für einen Grund hätte die Frau sonst auch haben sollen, ihn abblitzen zu lassen? Peter fühlte, wie er dachte.

Hans, ein Beamter im mittleren Dienst, getraute sich nicht, sich bei Kollegen, die ihm unterstehen, durchzusetzen. Folglich tanzten ihm alle auf der Nase herum. Einerseits ärgerte er sich maßlos darüber, dass er so ein Schlappschwanz war und sich alles gefallen ließ, andererseits ärgerte er sich, dass die anderen so rücksichtslos waren und seine Schwäche ausnutzten. Warum setzte er sich nicht zur Wehr? Er sagte: »Wer hört schon auf jemanden wie mich? Ich bin ein Versager. Alle wissen das und nutzen das nach Strich und Faden aus. Abgesehen davon, selbst wenn ich mich durchsetzen könnte, ginge das nicht gut. Meine Mitarbeiter würden keine Gelegenheit auslassen, um mir eins auszuwischen, und dann wär' ich bald weg vom Fenster. Mein Vorgesetzter ist eh nicht gut auf mich zu sprechen. Der weiß, dass ich eine Niete bin, und wartet nur darauf, mich abschieben zu können.« Wenn Hans in einem Restaurant oder Geschäft schlecht bedient wurde, dachte er sich: »Mit mir kann man's ja machen. Ich bin immer das Arschloch.«

Mit dem negativen Selbstbild kann Hans sich nicht durchsetzen. Jeder, der so von sich denkt, hat Hemmungen.

Selbstsicheres Handeln setzt selbstsicheres Denken voraus

Die Probleme, die Beate, Hans und Peter hatten, waren alle selbst verursacht. Wie Sie vielleicht bemerkt haben, hatten alle ein sehr negatives Bild von sich, das dafür verantwortlich war, dass sie Ängste und Hemmungen hatten. Die Lösung für ihre Probleme bestand darin, dass sie lernten, ihr Selbstwertgefühl zu steigern. Sie mussten damit aufhören, sich für minderwertig zu halten. Doch mehr darüber später. Im Moment kommt es mir darauf an, dass Sie erkennen, dass zwischen Ihrem Denken und damit, wie Sie sich fühlen und verhalten, ein enger Zusammenhang besteht. Diesen Zusammenhang bezeichnen wir als das **ABC der Gefühle.**

A steht für die **Situation**, in der Sie selbstsicher auftreten möchten.
B steht für Ihre **Gedanken, Einstellungen** u. **Bewertungen**.
C steht für Ihre **Gefühle, Körperreaktionen** und **Verhaltensweisen.**

Schauen wir uns an, wie das ABC im Fall von Peter ausschaut.

A Situation:
Bin in der Disco, sehe ein Mädchen, mit dem ich tanzen will.

B Bewertung:
Bestimmt gibt sie mir einen Korb. Das könnte ich nicht ertragen. Ich bin einfach nicht der Typ, auf den die Frauen stehen. Ich habe nichts vorzuweisen. Wer will jemanden wie mich zum Freund haben?

C Gefühle, Körperreaktionen und **Verhalten:**
Habe Angst, bin verunsichert, schwitze, spreche die Frau nicht an.

Bisher war es Peter vielleicht gewohnt zu sagen: *»Die Situation macht mir Angst«* oder *»Das Ansprechen einer Frau macht mir Angst.«* Das ABC der Gefühle zeigt ihm jedoch, dass es seine Gedanken über die Situation sind, mit denen er sich verunsichert und schüchtern macht. Er müsste also korrekterweise sagen: *»Ich versetze mich in Angst, weil ich mir einrede, es nicht ertragen zu können, einen Korb zu bekommen. Weil ich von mir selbst nichts halte, habe ich kein Zutrauen und bin gehemmt.«*

Wenn Sie selbstsicherer auftreten und Ihre Ängste und Hemmungen überwinden möchten, dann müssen Sie umdenken. Sie müssen die Situation anders bewerten und sich selbst mit anderen Augen sehen. Wie man das macht? Hierbei können Ihnen die zwei Regeln für selbstsicheres Denken behilflich sein, die ich Ihnen im nächsten Kapitel vorstelle. Zunächst möchte ich Ihnen jedoch noch weitere Beispiele für den Zusammenhang zwischen Ihrem Denken, Ihrem Fühlen und Ihrem Verhalten liefern.

Die Worte anderer können Ihre Gefühle nicht verletzen

Nehmen wir einmal an, jemand würde Ihnen eine Pistole auf die Brust setzen und Sie hätten überhaupt keine Ahnung, dass es sich um eine Pistole handelt. Sie wüssten also nicht, dass der andere Sie damit töten könnte und dass dieses metallene Ding etwas potenziell Gefährliches ist. Würden Sie dann Angst bekommen? Nein. Und warum nicht? Weil Sie nur Angst bekommen können, wenn Sie denken, dass der andere Sie bedroht, und wenn Sie denken, in Lebensgefahr zu sein. Sie sehen: Sie verspüren nur Angst, wenn Sie sich ängstliche Gedanken machen.

Stellen Sie sich einmal vor, Sie würden in die geschlossene Abteilung einer psychiatrischen Anstalt gehen. Jemand, der nicht zurechnungsfähig ist, würde Ihnen nachrufen: »*Sau, Dummkopf.*« Würden Sie sich angesprochen und verletzt fühlen? Würde Sie das treffen und würden Sie seine Worte persönlich nehmen? Sehr wahrscheinlich nicht. Und wissen Sie auch, warum nicht? Weil Sie sich sagen würden: »*Der ist nicht zurechnungsfähig. Der weiß nicht, was er sagt. Der ist gestört. Das brauche ich nicht ernst zu nehmen, was er sagt.*« Sie würden also dem anderen das Recht absprechen, über Sie ein fundiertes Urteil fällen zu können, und *einzig und allein* deshalb wären Sie auch nicht verletzt oder gekränkt.

Bezogen auf den Alltag heißt das: **Wenn Sie sich durch die Worte eines anderen verletzt oder gekränkt fühlen, dann nur deshalb, weil Sie seinen Worten Gewicht beimessen.** Sie sagen quasi bewusst oder unbewusst: »*Wenn der sagt, dass ich nichts tauge und ein schlechter Mensch bin, dann ist es auch so.*« Wenn ich von unbewussten Gedanken spreche, dann meine ich damit Gedanken, die so schnell in uns ablaufen, dass wir den Eindruck haben, nichts gedacht zu haben. Gedanken laufen immer dann unbewusst ab, wenn wir sie uns oft und lange genug bewusst innerlich vorgesagt haben.

Das Beispiel von der geschlossenen Anstalt zeigt Ihnen, dass die Worte anderer Sie nicht verletzen können, wenn Sie es nicht zulassen. Wenn Sie verletzt sind, dann einzig und allein deshalb, weil Sie sich selbst verletzt haben, indem Sie der Meinung des anderen ein großes Gewicht beigemessen haben, statt zu sich selbst zu sagen: »*Ich bin o.k.*« Und warum glauben Sie dem anderen? Warum messen Sie seinen Worten so viel Gewicht bei? Die Antwort ist: Weil Sie genauso über sich denken wie der andere.

Wie oft haben Sie andere schon sagen hören »*Du hast meine Gefühle verletzt*« oder »*Du hast mich ganz schön gekränkt*« und wie oft haben Sie in Ihrem Leben schon anderen gegenüber diese Bemerkung gemacht? In Wirklichkeit jedoch können weder Sie die Gefühle anderer verletzen, noch können andere Ihre Gefühle verletzen.

Stock und Stein brechen mir das Bein,
doch Worte bringen niemals Pein.

Wenn Ihre Gefühle verletzt sind oder Sie sich gekränkt fühlen, dann liegt das an Ihren inneren Selbstgesprächen, d.h. daran, was Sie sich über das Verhalten der anderen bewusst oder unbewusst sagen. Schauen wir uns ein Beispiel an, das diesen Sachverhalt verdeutlicht.

Christine kam zu mir in Therapie, weil sie sich einsam fühlte und nur schwer Kontakt zu anderen bekam. Sie sagte, dass andere sie häufig kränken und ihre Gefühle verletzen. Sie schilderte folgende Szene:

»Montags habe ich mich eine Zeit lang mit zwei Freundinnen getroffen. Wir saßen zusammen, tranken Kaffee und unterhielten uns. Ich kam mir jedes Mal irgendwie verloren und überflüssig vor. Ich weiß auch nicht. Meistens saß ich nur still da und hörte den anderen zu. Ich tu' mich einfach schwer, etwas zu sagen. Was hab' ich auch schon groß zu erzählen. Ich erleb' nichts Besonderes. Mein Leben ist ziemlich eintönig. Natürlich fiel es meinen Freundinnen auf, dass ich kaum etwas sagte. Immer wieder drängten sie mich, auch etwas zu sagen und nicht nur einfach so still und verschlossen zu sein. Das kränkte mich ziemlich. Innerlich wurde ich dann unheimlich wütend, aber das zeigte ich natürlich nicht. Die wussten doch, dass ich mich schwer tue, etwas zu sagen. Warum mussten sie dann immer wieder auf mir und meinen Gefühlen herumhacken? Irgendwann bin ich dann einfach nicht mehr hingegangen. Was sollte ich auch dort? Die anderen haben mich ja doch nur geduldet. Wer will schon freiwillig mit jemandem zusammen sein, der stumm wie ein Fisch ist?«
Ich fragte Christine, worüber sie sich innerlich so ärgerte, wenn die anderen ihr sagten, sie solle auch etwas sagen und nicht einfach nur so still dasitzen. Sie antwortete:
»Die wussten doch, dass ich keine große Rednerin bin. Warum haben sie mich dann nicht in Ruhe gelassen? Außerdem habe ich mich über mich selbst geärgert, dass ich nicht den Mund aufkriegte. Das ist doch zu blöd von mir. Wieso kann ich mich nicht wie andere auch an einem Gespräch beteiligen? Ich finde es ja selbst unheimlich blöd, dass ich so schüchtern bin. Mit mir ist eben nichts los. Ich kann noch nicht einmal die normalste und selbstverständlichste Sache der Welt.«

Das war es also. Christine reagierte gekränkt und verärgert, weil sie sich selbst Vorwürfe wegen ihrer Schüchternheit machte. Sie fand es blöd von sich, so schüchtern zu sein, und verurteilte sich dafür. Dies ist der Schlüssel zum Verständnis gekränkter und verletzter Gefühle.

Wir reagieren auf die Worte anderer verletzt und gekränkt, wenn diese ein Verhalten an uns kritisieren, für das wir uns selbst verurteilen und ablehnen.

Wir sind sauer auf uns, dass wir etwas nicht hinkriegen, und betrachten diese Unfähigkeit als einen Makel, für den wir uns selbst verurteilen. Kommen andere auf unsere Schwäche zu sprechen, und sei es auch nur in Form einer ganz harmlosen Bemerkung, dann meinen wir sofort, die anderen würden uns auch Vorwürfe machen, uns auch tadeln oder kritisieren. Nicht genug, dass wir uns schon Vorwürfe machen, jetzt müssen andere das auch noch tun. Das heißt, wir hören aus den Worten der anderen nur das heraus, was wir uns schon selbst gedacht haben.

Auf diese Weise verwandeln wir ganz harmlose Bemerkungen, bei denen sich die anderen überhaupt nichts Schlechtes denken, zu spitzen Pfeilen, mit denen wir uns selbst verletzen.

Wenn andere Ihnen andererseits den Vorwurf machen, Sie würden ihre Gefühle verletzen oder sie kränken, dann wissen Sie es nun besser. Wenn Sie sich nicht durch eine solche Bemerkung der anderen manipulieren lassen wollen, dann müssen Sie sich in einer solchen Situation vor Augen halten: *»Ich kann die Gefühle anderer nicht verletzen. Das tun die anderen selbst. Deshalb muss ich mir auch keine Vorwürfe oder Schuldgefühle machen, wenn die Gefühle der anderen verletzt sind. Jeder ist für seine Gefühle selbst verantwortlich.«*

Spätestens nun werden Sie sich vielleicht denken: *»Das klingt logisch, aber wenn ich die Gefühle der anderen nicht verletzen kann, heißt das, dass ich tun und sagen kann, was ich will, und es mir völlig egal sein kann, wie es den anderen dabei geht?«*

Nein, das heißt es natürlich nicht. Auch wenn jeder für seine Gefühle verantwortlich ist, heißt das nicht, dass wir die »Sau herauslassen« können. Ein selbstsicherer Mensch nutzt diese Tatsache nicht aus, um andere zu manipulieren. Nur unsichere Menschen machen sich die Schwächen der anderen zu Nutze, indem sie versuchen, ihnen Schuldgefühle einzuflößen, um sie so gefügig zu machen.

Wenn ich von einem Menschen weiß, dass er Probleme damit hat, mit Kritik umzugehen, dann werde ich diese Schwäche nicht ausnutzen – aber ich werde mich auch nicht zurückhalten, wenn ich eine berechtigte Kritik am anderen habe. Warum soll ich unzufrieden sein, nur damit er nicht gekränkt oder verletzt ist? Das ergibt keinen Sinn. Ich und meine Gefühle sind genauso wichtig und wertvoll wie der andere und dessen Gefühle. Folglich habe ich auch ein Recht darauf, mich gut zu fühlen. Wenn der andere nicht mit Kritik umgehen kann, dann muss er es lernen. Mir deswegen Schuldgefühle zu machen oder den Ärger in mich hineinzufressen, sehe ich nicht ein. Ich habe meine Probleme, Unsicherheiten und Ängste, mit denen ich umgehen lernen muss und für die ich ganz allein die Verantwortung trage, und andere haben ihre Ängste und Unsicherheiten, mit denen sie fertig werden müssen. Ich lege es nicht darauf an, dass ein anderer verletzt ist, aber wenn das der Fall ist, dann ist dies das Problem des anderen.

Selbstsicher zu sein heißt auch, in Kauf zu nehmen, dass nicht alle Menschen glücklich sind, wenn man selbstsicher auftritt. Aber mal ehrlich, ist es Ihnen nicht auch schon passiert, dass Sie etwas sagten, bei dem Sie sich nichts Schlechtes dachten, und der andere schmollte plötzlich oder war verärgert? Da wir in den anderen nicht hineinschauen können und nicht wissen, wo seine seelischen Problemzonen liegen, passiert es eben immer wieder, dass ein anderer auf das, was wir sagen oder tun, verletzt reagiert. Deswegen ist man nicht skrupellos, herzlos oder rücksichtslos. Dies sind Worte, die andere uns nur an den Kopf werfen, um uns zu manipulieren und uns daran zu hindern, von unseren Rechten Gebrauch zu machen. Letztlich sind die, die solche Worte gebrauchen, um andere zu manipulieren, skrupellos, kaltblütig und rücksichtslos. Es kümmert sie nämlich einen Dreck, wie es dem anderen geht. Hauptsache, sie kommen zu ihrem »Recht«.

Selbstsichere Menschen manipulieren nicht, nutzen nicht die Schwäche anderer aus, ja, nehmen auch Rücksicht, aber sie erlauben anderen nicht, dass diese sie ausnutzen.

Sie spielen mit offenen Karten. Sie sagen: *»Das ist mein Recht und alles, was ich möchte, ist, dass du dieses Recht respektierst und beachtest, so wie ich auch deine Rechte respektiere und beachte. Wenn dir das nicht gefällt, dann tut mir das Leid, aber ich bin mir selbst wichtig genug, um darauf zu achten, dass es anderen nicht auf meine Kosten gut geht.«* Das ist ein ganz wichtiger Punkt: **Man muss sich selbst wichtig genug sein, dass man dafür Sorge trägt, dass es einem gut geht.** Wenn man auf sich herumtrampeln lässt und sich zum Fußabstreifer macht, dann ist das immer ein Zeichen dafür, dass man sich und seine Bedürfnisse nicht für genauso wichtig hält wie die anderen und deren Bedürfnisse.

In ihrem Ratgeber »Ab heute kränkt mich niemand mehr« geht Doris Wolf darauf ein, wie Kränkungsgefühle entstehen, wie man sie überwindet und wie man mit Vorwürfen umgeht, einen anderen gekränkt zu haben.

Andere können Ihnen keine Schuldgefühle machen

Schuldgefühle sind, wenn wir das ABC der Gefühle zu Grunde legen, die Folge schuldbeladener Gedanken, die Sie sich machen. Sie sagen sich: *»Ich habe etwas Schlechtes getan und deshalb bin ich ein schlechter, unmoralischer und verantwortungsloser Mensch.«* Sie setzen Ihr Verhalten mit Ihrem Wert als Mensch gleich. Sie verurteilen nicht nur Ihr Verhalten, was völlig in Ordnung wäre, nein, Sie gehen einen großen, tragischen Schritt weiter, durch den Sie sich selbst ins Unglück stürzen: Sie verurteilen sich als Mensch.

Mit diesem Verhalten befinden Sie sich in bester Gesellschaft. Fast alle Menschen verfahren so. Das kommt daher, dass unsere Eltern uns von klein auf eingebläut haben: *»Du bist ein schlechter Junge, ein schlechtes Mädchen, wenn du so etwas tust.«* Haben wir der Mutter Geld aus ihrer Geldbörse gestohlen und hat sie das bemerkt, dann sagte sie sicherlich: *»Du bist ein durch und durch schlechter und verkommener Junge.«* Sie hat nicht gesagt: *»Dein Verhalten ist schlecht und verwerflich. Dich hab' ich lieb. Aber dein Verhalten dulde ich nicht.«* Hätte sie bei dieser Gelegenheit und bei hunderten anderer so reagiert, dass sie einen Unterschied zwischen dem Verhalten und dem Wert der Person gemacht hätte, dann würden wir uns heute auch nicht als schlechte und minderwertige Menschen fühlen, wenn wir uns etwas zu Schulden kommen lassen. Wir würden unseren Fehler bedauern, würden unser Verhalten kritisieren, würden aber nie unseren Wert als Mensch antasten.

Wenn wir uns Schuldgefühle machen, dann sagen wir: *»Ich hätte das nicht tun/sagen sollen«* oder *»Ich hätte das tun/sagen müssen.«* Wir verlangen von uns im Nachhinein, wir hätten es besser wissen sollen. Da wir etwas, dessen Folgen wir unserer Meinung nach hätten abschätzen können müssen, getan oder gesagt haben, sind wir schlechte, verantwortungslose oder unmoralische Menschen, die es verdienen, schwer dafür zu büßen. Wir bestrafen uns selbst durch die Selbstabwertung, ein schlechter Mensch zu sein. Eine Klientin von mir sagte einmal: *»Ein Schuldgefühl ist wie* *ein Messer, das man im Bauch hat und mit dem man sich selbst Schmerzen zufügt, indem man es immer wieder hin- und herwendet.«* Hört man auf, sich selbst zu verurteilen, dann entfernt man das Messer aus seinem Bauch und andere haben dann auch keine Chance, uns zu manipulieren, indem sie uns an diesem wunden Punkt packen.

Unsere Mitmenschen wissen in der Regel aus eigener Erfahrung nur zu gut, wie manipulierbar wir sind, wenn es ihnen gelingt, uns glauben zu machen, wir hätten etwas nicht tun dürfen oder etwas tun müssen. Sie wissen, dass wir schnell kleinlaut werden und uns alles gefallen lassen, wenn wir glauben, schuldig zu sein. Also machen sie sich diese menschliche Schwäche manchmal zu Nutze, um uns zu ihrem Vorteil und zu unserem Nachteil zu manipulieren.

Wenn Sie dieser Manipulationsfalle entgehen wollen, dann müssen Sie bei sich beginnen und damit aufhören, sich einzureden, Sie hätten etwas nicht tun oder sagen dürfen. Vor allem aber müssen Sie sich weigern, sich für Ihren Fehler zu verurteilen. Solange Sie sich für Fehler und Schwächen verurteilen, haben andere ein leichtes Spiel mit Ihnen. **Wenn Sie sich das Recht zugestehen, Fehler machen zu dürfen, und Sie Fehler nicht als Beweis für Ihre Schlechtigkeit und Minderwertigkeit ansehen, sondern lediglich als Beweis für die Tatsache, dass Sie ein fehlerhafter Mensch sind, dann haben andere keine Chance, Sie zu manipulieren.**

Es zeugt weder von einem guten Charakter, wenn Sie sich für Ihr Verhalten verurteilen, noch sind Sie gewissenlos, eiskalt oder skrupellos, wenn Sie es nicht tun. Den Vorwurf der Gewissenlosigkeit und Skrupellosigkeit machen Ihnen nur jene Menschen, die Sie manipulieren wollen.

Machen Sie sich klar: ***»Ich habe einen Fehler gemacht. Ich habe unrecht gehandelt. Mein Verhalten war falsch. Hätte ich das im Vorhinein gewusst, hätte ich mich anders verhalten. Da ich jedoch ein Mensch und nicht Gott bin, tue ich manchmal das Verkehrte. Ich habe nicht absichtlich so gehandelt, sondern auf Grund meiner Fehlerhaftigkeit. Deshalb verzeihe ich mir diesen Fehler. Ich bin ein liebenswerter und wertvoller Mensch, der von Zeit zu Zeit Fehler macht. Ich habe keinen Grund, mich als Mensch zu verurteilen. Dadurch mache ich meinen Fehler nicht rückgängig.«***

Zur Vertiefung des Themas Schuldgefühle empfehle ich Ihnen, sich mit dem Buch von Doris Wolf »Wenn Schuldgefühle zur Qual werden« zu befassen.

So, nun sind Sie an der Reihe. Erstellen Sie jetzt selbst **schriftlich** ein ABC, wie ich es zu Anfang des Kapitels erklärt habe. Wählen Sie sich eine Situation aus, in der Sie selbstsicherer auftreten möchten, sich bisher jedoch nicht getraut haben. Tragen Sie unten oder in Ihrem Arbeitsheft ein, was für eine Situation das ist, welche Gedanken Ihnen in ihr durch den Kopf gehen und wie Sie sich fühlen. Machen Sie diese Übung bitte schriftlich. Die Erfahrung mit meinen Klienten zeigt immer wieder, dass dies enorm wichtig ist.

A Situation:

B Bewertung:

C Gefühle, Körperreaktionen und **Verhalten:**

Was möchte ich mir merken?

1 ....

2 ....

3 ....

4 ....

5 ....

7

Die zwei Regeln für selbstsicheres Denken

Aus dem vorangegangenen Kapitel wissen Sie, dass Sie sich Ihre Ängste und Unsicherheiten durch die Art und Weise machen, wie Sie über sich selbst und andere denken. Wenn Sie also selbstsicherer auftreten und Ihre Ängste abbauen möchten, dann müssen Sie umdenken. Sie müssen die Situation anders bewerten und Sie müssen sich selbst den Rücken stärken, indem Sie sich selbst annehmen. Wie macht man das? Hierbei können Ihnen die zwei Regeln für selbstsicheres Denken und Verhalten behilflich sein.

Die beiden Regeln für selbstsicheres Denken lauten:

1. **Selbstsicheres Denken entspricht den Tatsachen.**
2. **Selbstsicheres Denken hilft Ihnen, sich so zu fühlen und zu verhalten, wie Sie es möchten.**

Indem wir diese beiden Regeln in Fragen umformulieren, können wir sie verwenden, um unser Denken daraufhin zu überprüfen, ob es ein selbstsicheres oder selbstunsicheres Denken ist.

1. **Entspricht der Gedanke den Tatsachen? Wo sind die Beweise?**
2. **Hilft mir der Gedanke, mich so zu fühlen und zu verhalten, wie ich es möchte?**

Wenden wir diese beiden Regeln einmal auf **Peters** Gedanken an, die ich Ihnen im letzten Kapitel bereits vorgestellt habe.

»Bestimmt gibt sie mir einen Korb. Das könnte ich nicht ertragen.«

1. Entspricht der Gedanke den Tatsachen?
Nun, woher will Peter wissen, ob er tatsächlich einen Korb bekommt? Die Antwort ist: Er kann es nicht wissen. Er befürchtet das nur. Es ist also keine Tatsache. Auch übertreibt Peter, wenn er sich einredet, er könnte einen Korb nicht ertragen. Tatsache ist, er kann es ertragen, einen Korb zu bekommen. Es ist für ihn nur sehr unangenehm. Er hat sich selbst schon einmal bewiesen, dass er einen Korb überleben kann. Er ist daran nicht gestorben. Der Gedanke entspricht also nicht den Tatsachen.

2. Hilft der Gedanke Peter, sich so zu fühlen und zu verhalten, wie er es möchte?
Die Antwort hierauf ist: Nein. Wenn Peter so denkt, dann muss er starke Angst verspüren und die Wahrscheinlichkeit, dass er die Frau anspricht, ist sehr gering.

Nun wissen wir also, dass diese Gedanken Peter in keinster Weise helfen. Im Gegenteil. Sie verunsichern ihn bzw. er verunsichert sich selbst durch solche Gedanken.

Die Frage ist nun: Wie müsste er denken, um es sich leichter zu machen, eine Frau anzusprechen? Der einfachste Weg, selbstsichere Gedanken zu formulieren, besteht darin, die Antworten auf die beiden Fragen in leicht abgewandelter Form zu übernehmen. Solche selbstsicheren Gedanken könnten so aussehen:

Selbstsichere Gedanken:
»Ich weiß nicht, wie sie reagiert. Kann sein, dass sie mir einen Korb gibt, kann aber auch sein, dass sie mit mir tanzt. Da ich keine Gedanken lesen kann, werde ich sie einfach ansprechen. Lässt sie mich tatsächlich abblitzen, dann kann ich das

ertragen. Das wäre zwar sehr unangenehm für mich, aber ich würde damit fertig werden. Wenn ich sie aus Angst, einen Korb zu bekommen, nicht anspreche, dann werde ich es nie erfahren. Also tue ich's jetzt.«

Solche selbstsicheren Gedanken sind also eine Form von Sich-selbst-gut-Zureden. Diese Form des Selbstgesprächs soll einem Mut machen, während man sich durch die nicht mit der Wirklichkeit übereinstimmenden Gedanken und übertrieben negativen Gedanken *(»Bestimmt gibt sie mir einen Korb. Das könnte ich nicht ertragen.«)* mutlos macht.

Es geht nicht darum, sich etwas einzureden, was nicht stimmt, wie etwa: *»Bestimmt tanzt sie mit mir«* oder *»Es macht mir nichts aus, einen Korb zu bekommen.«* Sie sollen sich also nicht belügen. Sie sollen lediglich bei der Wahrheit bleiben. Es geht also nicht darum, sich und die Situation in rosa Farben zu sehen, sondern sie realistisch zu sehen. Nicht mehr, aber auch nicht weniger.

So, nun sind Sie an der Reihe. Ehe Sie weiterlesen, versuchen Sie doch einmal, die anderen Gedanken von Peter *»Ich bin einfach nicht der Typ, auf den die Frauen stehen. Ich habe nichts vorzuweisen. Wer will jemanden wie mich zum Freund haben?«* mithilfe der beiden Regeln auf ihren Wahrheitsgehalt zu überprüfen.

STOPP
Haben Sie die Übung gemacht?

Entspricht es den Tatsachen, dass Peter kein Typ ist, auf den Frauen stehen?
Nun werden Sie sich vielleicht gedacht haben: *»Woher soll ich das wissen. Ich kenn' den doch gar nicht.«* Richtig, Sie kennen ihn nicht, aber wenn Sie davon ausgehen, dass es ein ganz normaler, junger Mann ist, der wie hunderttausend an-

dere aussieht, wie lautet dann Ihre Antwort? Die richtige Antwort – wenn Sie Peter wären – müsste sein: »*Das weiß ich nicht. Aus der einen negativen Erfahrung kann ich nicht schließen, dass alle Frauen an mir nichts finden. Ich rede mir das nur ein.*«

Hilft der Gedanke Peter, sich so zu fühlen und zu verhalten, wie er es möchte?
Nein. Wenn er so denkt, unternimmt er keinen Versuch, sich das Gegenteil zu beweisen. Wozu auch, wenn er für sich schon entschieden hat, dass er keinen Blumentopf gewinnen kann.

Entspricht es den Tatsachen, dass Peter nichts vorzuweisen hat?
Die Antwort von Peter lautet: »*Nein, ich denke das nur. Ich bin wie jeder andere. Ich habe vielleicht keine besonderen, nur mich auszeichnenden Eigenschaften, aber das heißt nicht, dass ich nichts vorzuweisen habe. Außerdem habe nicht ich das zu entscheiden, sondern die Frau. Ich weiß schließlich nicht, worauf sie Wert legt.*«

Hilft der Gedanke Peter, sich so zu fühlen und zu verhalten, wie er es möchte?
Peter könnte antworten: »*Nein. Bei diesem Gedanken fühle ich mich klein und bekomme Hemmungen.*«

Die Frage »*Wer will schon jemanden wie mich?*« ist eine rhetorische Frage, die man nicht mithilfe der beiden Regeln für selbstsicheres Denken überprüfen kann. Hierzu muss man erst die Antwort auf die Frage kennen. Eine rhetorische Frage ist eine Frage, auf die man keine Antwort erwartet, da man sie sich selbst schon beantwortet hat. Peter beantwortet sich die Frage mit: »*Keine Frau will jemanden wie mich haben.*« Diesen Gedanken kann er nun überprüfen.

Entspricht er den Tatsachen?
Peters Antwort müsste lauten: *»Das kann ich nicht wissen. Solange ich mich davor drücke, eine Frau anzusprechen, kann ich auch nicht wissen, ob mich eine Frau will.«*

Hilft der Gedanke Peter, sich so zu fühlen und zu verhalten, wie er es möchte?
Peters Antwort: *»Nein. Wenn ich so denke, dann versuche ich erst gar nicht, eine Frau anzusprechen. Ich bin entmutigt und gehemmt.«*

Sie sehen, auch diese Gedanken von Peter entsprechen nicht der Wahrheit und helfen ihm nicht, sich selbstsicher zu fühlen und zu verhalten. Was könnte sich Peter also sagen, was näher an der Wahrheit dran wäre und was ihm helfen könnte, sich sicherer zu fühlen und zu verhalten?

STOPP
Überlegen Sie einen Moment und schreiben (!) Sie Ihren Vorschlag erst auf.

Haben Sie es getan? Nun, Peter könnte sich sagen:

Selbstsichere Gedanken:
»Ich bin ein junger Mann wie hunderttausend andere auch. Ich habe vielleicht keine besonders herausragenden Eigenschaften und fahre auch keinen Porsche. Aber wer sagt, dass man nur eine Frau bekommt, wenn man über dem Durchschnitt liegt? Auch wenn ich nicht wie Brad Pitt aussehe, wird es aller Wahrscheinlichkeit nach eine Frau geben, die mich mag. Um die zu treffen, muss ich mir jedoch erst einmal die Chance geben, eine Frau anzusprechen.«

Was meinen Sie: Fällt es Peter leichter, in der Disco eine Frau anzusprechen, wenn er sich gut zuredet oder wenn er sich alles in den düstersten Farben ausmalt? Keine Frage, natürlich fällt es ihm leichter, wenn er bei der Wahrheit bleibt, anstatt Schreckgespenster an die Wand zu malen. Beachten Sie bitte: Ich spreche von »leichter«. Ich sage nicht, dass Peter keine Angst mehr haben wird, wenn er selbstsichere Selbstgespräche führt. Um dahin zu gelangen, muss Peter nicht nur seine Selbstgespräche trainieren, er muss auch ins kalte Wasser springen und mehrere Frauen ansprechen. Erst dann wird sich seine Angst allmählich verlieren und er wird selbstsicherer.

Man verwandelt sich also nicht automatisch in einen selbstsicheren Menschen, wenn man anders denkt. So einfach ist es nun auch wieder nicht. Abgesehen davon gibt es da noch eine Hürde zu überwinden, an der viele Menschen scheitern, die eine alte Gewohnheit ablegen und diese durch eine neue Gewohnheit ersetzen möchten. Auf diese Hürde sind Sie vielleicht schon gestoßen. Wenn Peter sich nun gut zureden würde, dann hätte er das verflixte Gefühl, sich etwas einzureden. Es käme ihm so vor, als würde er sich etwas in die Tasche lügen, als würde er sich etwas einreden, wovon er nicht überzeugt ist – und Peter hätte damit vollkommen Recht. Tatsächlich wäre er von seinen neuen selbstsicheren Selbstgesprächen noch nicht (!) überzeugt. Er würde immer noch seinen alten, ihn einschüchternden Selbstgesprächen glauben und er hätte natürlich noch Angst vor der Situation, was seinen Eindruck, er mache sich etwas vor, verstärken würde. Peter würde eine Erfahrung machen, die ganz normal ist, und die jeder macht, der sich etwas abgewöhnen möchte.

Deshalb möchte ich Ihnen kurz die **5 Phasen des Umlernens** vorstellen. Diese 5 Phasen durchläuft jeder, der sich von einer alten Gewohnheit trennen und sie durch eine neue ersetzen will.

Schauen wir uns die Phasen des Umlernens am Beispiel von Brigitte an.

Brigitte hatte das Problem, dass ihre Freunde immer »Sitzfleisch« hatten, wenn sie sie besuchten. Sie traute sich nicht, sie zu bitten, früher zu gehen. Ihr ABC der Gefühle sah folgendermaßen aus:

A Situation:
Es ist 23 Uhr, meine Freunde und ich sitzen im Wohnzimmer.
B Bewertung:
Ich bin müde und möchte ins Bett gehen. Bestimmt machen meine Freunde sich lustig, wenn ich sage, dass ich müde bin und ins Bett möchte. Sie werden mich nicht mehr besuchen kommen, wenn sie meine Bitte hören.
C Gefühle, Körperreaktionen und **Verhalten:**
Ich habe Angst, meinen Wunsch zu äußern; bleibe sitzen und quäle mich durch den späten Abend; werde wütend; sehe dem nächsten Besuch der Freunde mit Bangen entgegen.

Brigitte hat ihre Gedanken mit den beiden Fragen für selbstsicheres Denken überprüft:
Entspricht es den Tatsachen, dass meine Freunde sich über meine Bitte lustig machen werden?
Woher weiß ich, dass sie mich dann nicht mehr besuchen kommen?
Helfen mir diese Gedanken, selbstsicher meine Bitte zu äußern und meine Freunde dazu zu bringen, zu gehen?
Brigitte musste beide Fragen mit Nein beantworten. Ihre ängstlichen Gedanken halfen ihr nicht und führten zwangsläufig dazu, dass sie Angst hatte, ihren Wunsch zu äußern. Sie übertrieb die möglichen Konsequenzen ihres Handelns bzw. sagte etwas voraus, was sie nicht wissen konnte. Also musste sie sich überlegen, wie sie stattdessen denken könnte, welche Gedanken ihr helfen, sich endlich wieder auf den Besuch der Freunde zu freuen und den Abend zu genießen. Sie musste ihre alten negativen Gedanken korrigieren und ihre alte Denkgewohnheit durch eine neue ersetzen.
Und damit sind wir bei den **5 Phasen des Umlernens:**

1. Stufe: Theoretische Einsicht
Dies ist die einfachste Stufe. Brigitte sah ein oder wusste, dass sie sich durch bestimmte ängstliche Gedanken in Angst versetzte und sich unsicher machte. Sie wusste auch, durch welche hilfreichen Gedanken sie ihre ängstlichen Gedanken ersetzen konnte, sodass sie selbstsicherer auftreten konnte. Theoretisch war ihr also alles klar.

Brigittes hilfreiche Gedanken, die sie sich zurechtgelegt hatte, sahen so aus: *»Ich werde meinen Wunsch äußern. Ich weiß nicht, wie die Freunde darauf reagieren werden. Sie könnten überrascht sein, Verständnis haben oder sich auch amüsieren. Selbst wenn sie spotten würden, könnte ich es ertragen. Mir ist es wichtig, dass sie meinen Wunsch kennen und ihn respektieren. Wenn ich nichts sage, werde ich immer ärgerlicher werden und mich nicht mehr über den Besuch freuen können. Ich weiß auch nicht, ob sie mir dies krumm nehmen werden. Selbst wenn, dann ist es mit der Freundschaft nicht weit her. Freundschaft bedeutet, dass man die Bedürfnisse und das Wohlergehen gegenseitig berücksichtigt.«*

2. Stufe: Übung
In dieser Stufe ging es nun darum, dass Brigitte ihre neuen und als hilfreich erkannten Gedanken einübte. Konkret bedeutete das, dass sie sich diese immer wieder laut vorsagte oder in der Vorstellung (s. weiter unten) übte. Wenn sie dies tat, dann kam sie sofort in die 3. Stufe, die ihre Tücken hatte und an der das ganze Umdenken scheitern konnte.

3. Stufe: Widerspruch zwischen Kopf und Bauch
Jedes Mal, wenn sich Brigitte ihre hilfreichen Gedanken vorsagte, hatte sie das Gefühl, sich etwas einzureden, sich etwas in die Tasche zu lügen oder sich selbst zu betrügen. Sie verspürte immer noch die gleiche Angst und hatte immer noch das Gefühl, die Freunde würden sich bestimmt lustig ma-

chen und sie würde sie ganz sicher verlieren, und im gleichen Atemzug redete sie sich ein, dass die Freunde auch ganz anders reagieren könnten.

Zugegeben, eine verwirrende, aber unvermeidliche Situation, wenn sie lernen wollte, ihre Bitte auszusprechen. Aber mit jedem weiteren Üben kam eine deutliche Entlastung auf sie zu.

4. Stufe: Kopf und Bauch stimmen überein
Brigitte sagte sich ihre hilfreichen Gedanken, dass sie den Spott ertragen könnte, es ihr wichtig ist, ihre Bitte zu äußern, usw., und sie konnte den Gedanken nun auch gefühlsmäßig zustimmen.

Da sie weiterhin ihre hilfreichen Gedanken wiederholte und sich auch danach verhielt, d.h. selbstsicher ihre Bitte äußerte, kam sie schließlich zur 5. und letzten Stufe:

5. Stufe: Neue Gewohnheit
Brigittes hilfreiche Gedanken waren automatisch geworden. Wie selbstverständlich, quasi ohne etwas bewusst dabei zu denken, gelang es ihr nun, ihre Bitte zu äußern.

Jeder Mensch – also auch Sie – muss diese 5 Stufen des Umlernens durchlaufen, wenn er eingefahrene Denk-, Gefühls- und Verhaltensweisen verändern möchte.

Um die 3. Stufe, diesen Konflikt zwischen Kopf und Bauch, kommen auch Sie nicht herum, wenn Sie Ihre schädlichen Einstellungen ändern, sprich: wenn Sie lernen möchten umzudenken. Durch diese Stufe müssen Sie durch, mit diesem Konflikt müssen Sie eine gewisse Zeit leben. Wenn Klienten in der Therapie auf dieser Stufe des Umlernens sind, verwende ich viel Zeit darauf, mit ihnen über diesen Konflikt zu sprechen. Viele Menschen meinen nämlich, es sei blödsinnig, sich etwas einzureden, das man gefühlsmäßig ablehne oder dem man gefühlsmäßig nicht zustimmen könne. Sie wollen damit ausdrücken, dass man nur solche Dinge annehmen kann und soll, denen man innerlich zustimmt. Auf seinen Verstand zu hören sei kopflastig. Wenn Sie auch dieser Meinung sind, lassen Sie sich einmal folgende Überlegung durch den Kopf gehen. Sind Sie schon einmal in England Auto gefahren? Wenn ja, dann haben Sie am eigenen Leib erfahren, was es heißt, umzudenken. Wenn Sie in England links fahren, dann werden Sie die ersten Kilometer das ungute Gefühl nicht los, dass Sie sich auf der falschen Straßenseite befinden. Vom Verstand her wissen Sie jedoch genau, dass es vollkommen richtig, ja geradezu lebenserhaltend ist, wenn Sie links fahren. Kopf und Bauch gehen also auseinander. Wenn Sie in England, ohne sich oder andere zu gefährden, Auto fahren wollen, dann müssen Sie auf Ihren Verstand hören, der Ihnen sagt, dass es richtig ist, links zu fahren, und Sie müssen Ihr Gefühl ignorieren, das Ihnen sagt: »Fahr rechts, du bist falsch.« Niemand käme hier auf die Idee zu sagen, es sei kopflastig oder blödsinnig, auf seinen Verstand zu hören. Im Gegenteil. In bestimmten Situationen ist es sehr klug, auf seinen Verstand zu hören und sein Gefühl nicht zu beachten. Das Rechtsfahren ist eine Gewohnheit. Sie kann nur abgelegt und durch eine neue (das Linksfahren) ersetzt werden, wenn man sie bewusst verändert und dabei in Kauf nimmt, dass man die erste Zeit ein ungutes Gefühl dabei hat. So verhält es sich auch mit der Gewohnheit, sich durch negative Gedanken Angst vor Ablehnung oder Blamage zu erzeugen. Diese Gewohnheiten können Sie nur ablegen, wenn Sie bereit sind, für einige Zeit das Gefühl in Kauf zu nehmen, dass Sie sich etwas einreden, dem Sie gefühlsmäßig (noch!) nicht zustimmen können.

Ein weiterer sehr häufiger Einwand meiner Klienten lautet:

»Ich hätte doch keine Angst, wenn meine Angst unbegründet wäre. Da muss doch was dran sein. Ich hab' doch nicht grundlos Angst.«

Meine Antwort darauf ist:
Sie haben vollkommen Recht. Sie haben nicht grundlos Angst. Dass Sie jedoch Angst verspüren, hat nichts damit zu tun, dass Sie tatsächlich in Gefahr sind, sondern nur damit, dass Sie denken, Sie seien in Gefahr. Sie fühlen, wie Sie denken. Nehmen Sie Ihre Angst, überhaupt jedes andere Gefühl, nicht als Beweis dafür, dass dem so ist, wie Sie sich fühlen. *Ihre Gefühle sagen nichts über die Wirklichkeit aus, sondern nur darüber, wie Sie denken.*

Sie können jedes Gefühl verändern, sich jegliche neue Gewohnheit zulegen, indem Sie Ihr Denken verändern. Irgendwann werden Ihnen Ihre neuen hilfreichen Gedanken in Fleisch und Blut übergegangen sein.

Ein sehr erfolgreicher und ungefährlicher Weg besteht darin, sich in der Vorstellung in die betreffende Situation zu versetzen und sich in der Phantasie gut zuzureden und das tun zu sehen, was man gerne tun möchte. Diese Form des mentalen Trainings ist äußerst effektiv und Sie sollten deshalb davon unbedingt Gebrauch machen, wenn Sie Ihre Schüchternheit überwinden möchten.

Wie Sie in der Vorstellung trainieren

Sie kennen diese Form des Trainings bereits. Jedes Mal nämlich, wenn Sie sich in Ihrem Geiste ausmalen, was alles an schrecklichen Dingen (Ablehnung und Kritik durch andere, usw.) passieren könnte, wenn Sie sich durchsetzen, machen Sie von dieser Form des Trainings Gebrauch. Sie trainieren nämlich, Angst in dieser Situation zu verspüren. Sie verstärken oder festigen Ihre Ängste und Hemmungen also, wenn Sie sich z.B. immer wieder im Geiste ausmalen, welch schlimme Folgen es haben würde, wenn Sie Nein sagen oder einen Wunsch äußern. Dadurch rauben Sie sich jeglichen Mut und machen aus sich einen Angsthasen.

Unserem Gehirn ist es völlig gleichgültig, womit wir es füttern. Es verarbeitet jede, aber auch jede noch so kleine Information, ohne danach zu fragen, ob sie richtig oder falsch ist. Das heißt, wenn wir uns einbilden, in Gefahr zu sein, obwohl wir es gar nicht sind, dann reagiert unser Gehirn so, als ob wir tatsächlich in Gefahr seien, und versetzt unseren Körper in Alarmzustand, was wir dann als Herzklopfen, Verkrampfung, Schwitzen, Erröten usw. erleben.

Deshalb ist es nicht gleichgültig, welche Selbstgespräche wir führen. Wenn Brigitte davon überzeugt ist, dass sie ihre Freunde verliert, wenn sie diese bittet zu gehen, dann wird sie auch Angst haben. Deshalb ist es wichtig, dass wir bei der Wahrheit bleiben. Deshalb ist es wichtig, keine Schwarzmalerei zu betreiben. Dass unser Gehirn jede Information verarbeitet, ohne sie auf ihren Wahrheitsgehalt zu überprüfen, hat auch seine guten Seiten. Wir können uns diese Eigenschaft unseres Gehirns zu Nutze machen, indem wir uns bzw. ihm einreden, dass es beispielsweise keine Katastrophe für uns ist, abgelehnt zu werden oder einen Korb zu bekommen. Wie bei einem Computer können wir so unser Verhaltens-, Denk- und Gefühlsprogramm ändern. Einen kleinen Unterschied zum Computer gibt es allerdings schon. Das geht nicht von jetzt auf nachher, und auch das hat seinen guten Grund und ist sehr sinnvoll. Im Falle gesunder Gewohnheiten ist diese Trägheit, dass sich unsere Programme nicht so einfach löschen und durch andere ersetzen lassen, von großem Vorteil. Ein einmal eingeschliffenes, hilfreiches Verhalten hat die Neigung, sich immer wieder zu wiederholen. Man muss nur noch wenig Energie aufwenden, um diese Gewohnheit am Leben zu erhalten. Umgekehrt muss man bewusst dagegensteuern, wenn man ein eingefahrenes Verhalten abstellen will.

Behalten Sie dieses Wissen immer im Hinterkopf, wenn Sie sich daran machen, Ihr unsicheres Verhalten durch ein selbstsicheres zu ersetzen. Sie können den Prozess des Umlernens, d.h. eine Gewohnheit durch eine andere zu ersetzen, beschleunigen, wenn Sie Ihre neue Denkweise und Ihr neues Verhalten zunächst in der **Vorstellung** üben. Und das geht so:

In der Therapie würde ich Brigitte auffordern, schriftlich (!) ihre selbstsicheren Selbstgespräche, die sie bei der Anwendung der beiden Regeln für selbstsicheres Denken formuliert hat, festzuhalten. Dass sie diese schwarz auf weiß hat, ist enorm wichtig. Nur so kann sie jederzeit darauf zurückgreifen. Als Nächstes würde ich sie bitten, sich für 30 Tage täglich mindestens fünfmal ein paar Minuten Zeit zu nehmen, in denen sie Folgendes tun sollte: Sie sollte sich kurz mithilfe der Spontan-Entspannungs-Technik entspannen, die ich Ihnen gleich vorstellen werde. Im Zustand der Entspannung sollte sie sich in der Vorstellung ganz lebendig ausmalen, wie sie mit ihren Freunden im Wohnzimmer sitzt und müde ist. Sie sollte sich also in Gedanken in die Situation versetzen, in der sie unsicher ist.

Statt nun aber ihr Katastrophenprogramm, ihre negativen Gedanken, abzuspulen, sollte sie sich ihre selbstsicheren Gedanken vorsagen **und** sich dann vorstellen, wie sie ihre Bitte äußert. Doch damit nicht genug. Ich würde sie dann bitten, sich vorzustellen, dass genau das eintritt, wovor sie sich am meisten fürchtet, nämlich, dass die Freunde sie verspotten und ihr sagen, dass man mit ihr keinen Spaß haben könnte. Und wieder sollte sie die selbstsicheren Selbstgespräche führen, die wir zuvor gemeinsam ausgearbeitet haben und die es ihr erlauben, diese Zurückweisung angemessen zu verarbeiten.

Dieser letzte Schritt ist sehr wichtig. Schließlich kommt es vor, dass man abgewiesen wird. Es käme der rosa Brille gleich, wenn Brigitte so täte, als würde sie nach dem Selbstsicherheitstraining keine Ablehnung erleben. Zum Selbstsicherheitstraining gehört auch, dass man lernt, mit der schlimmstmöglichen Situation, in der Regel einer Ablehnung oder einem Misserfolg, umzugehen.

Wenn Brigitte 30 Tage lang diese Vorstellungsübungen gemacht hat, dann hat sie bei dem Gedanken, ihre Freunde zum Gehen zu bewegen, viel weniger Schmetterlinge im Bauch als zuvor. Sie wird weniger Angst verspüren, sie wird jedoch nicht angstfrei sein. Erst wenn sie ihre Freunde viele Male ums Gehen gebeten oder eine andere Bitte angebracht hat und auch mal mit Ablehnung konfrontiert wurde, wird sie ihre Angst überwunden haben. Dann verfügt sie über genügend Selbstvertrauen und Selbstbewusstsein, um ruhig oder sogar mit einem Lächeln auf den Lippen mit einer Ablehnung umzugehen.

Schauen wir uns noch das Beispiel von **Susanne** an:

> Susanne hatte Angst, ein verliehenes Buch zurückzuverlangen. Sie schrieb hierzu folgendes ABC der Gefühle:
>
> **A Situation:**
> Ich habe meiner Freundin vor einem halben Jahr ein Buch von mir geliehen und sie hat es mir bis jetzt nicht zurückgegeben. Ich möchte es gerne wiederhaben.
> **B Bewertung:**
> Wenn ich sie darauf anspreche, wird sie denken, ich vertraue ihr nicht, und mich für egoistisch halten. Sie wird mich ablehnen. Das ist schrecklich. Das könnte ich nicht ertragen.
> **C Gefühle, Körperreaktionen** und **Verhalten:**
> Angst; Anspannung; ich bitte nicht um das Buch.

Schritt 1:
Überprüfung der Bewertung und Erarbeitung einer selbstsicheren alternativen Bewertung.
Mit den beiden Fragen für selbstsicheres Verhalten prüft Susanne ihre Bewertung:
1. Entspricht es den Tatsachen, dass meine Freundin denken wird, ich vertraue ihr nicht mehr und halte sie für egoistisch? Woher weiß ich, dass sie mich ablehnen wird? Stimmt es, dass ich das nicht ertragen könnte?
2. Hilft mir der Gedanke, mich so zu fühlen und zu verhalten, wie ich möchte?

Susannes Überprüfung ergab Folgendes:

> *1. »Ich weiß nicht, was sie von mir denken wird, wenn ich sie an das Buch erinnere. Wenn sie von mir denkt, dass ich egoistisch bin, dann ist das schade, aber keine Katastrophe. Es ist nur ihre Meinung. Wenn sie mich daraufhin ablehnen sollte, kann ich es ertragen.«*
> *2. »Wenn ich so denke, dann muss ich mich unsicher und ängstlich fühlen. Ich werde dann mein Buch nicht zurückfordern.«*

Schritt 2: Vorstellungsübung
Im Anschluss daran machte Susanne Vorstellungsübungen, um sich ihre neue selbstsichere Denkweise einzuprägen und diese zu üben. Susannes Vorstellungsübung sah so aus: Nachdem sie sich mit der Spontan-Entspannungs-Technik (s. unten) entspannt hatte, schloss sie die Augen und sah folgenden Film vor ihrem geistigen Auge:

> »Ich sitze mit meiner Freundin zusammen.
> Ich denke: Ich möchte mein Buch zurückhaben und spreche sie jetzt darauf an. Was sie darüber denken wird, weiß ich nicht. Selbst wenn sie von mir denkt, dass ich egoistisch bin und ihr nicht vertraue, kann ich das ertragen. Ich kann es auch ertragen, wenn sie mich daraufhin ablehnen sollte. Das wäre schade, aber

keine Katastrophe. Alles, was ich tue, ist, meinen Wunsch zu äußern, und dazu habe ich ein Recht.
Ich sage jetzt freundlich, ruhig und bestimmt: Ich möchte mein Buch, das ich dir vor einem halben Jahr geliehen habe, gerne zurück.«

Susanne stellt sich nun vor, wie sie ihrer Freundin laut und deutlich, aber ruhig ihren Wunsch vorträgt.

Die Spontan-Entspannungs-Methode

Ein sehr einfacher und in der Regel auch schneller Weg, sich zu entspannen, ist die Spontan-Entspannungs-Technik, die über die Atmung arbeitet. Durch gezieltes Atmen kann man bewusst ein Gefühl der Entspannung erzeugen und negative Spannung und Angstgefühle kontrollieren.

Anleitung zur Spontan-Entspannungs-Technik

Atmen Sie etwas tiefer ein als gewöhnlich. Dann atmen Sie in einer Bewegung wieder aus, *ohne* den Atem nach dem Einatmen anzuhalten. Wenn Sie ausgeatmet haben, halten Sie Ihren Atem für ca. 6 bis 10 Sekunden an. Finden Sie selbst heraus, welche Zeit für Sie am angenehmsten ist. Zählen Sie in Gedanken von 1001 bis 1006 oder 1010 (eintausendundeins, ... eintausendundsechs).
Nachdem Sie den Atem angehalten haben, atmen Sie wieder ein, atmen in einer Bewegung wieder aus, ohne den Atem anzuhalten, und halten ihn dann für weitere 6 bis 10 Sekunden an.

Wiederholen Sie diese Atemübung für 2 bis 3 Minuten bzw. so lange, bis Sie deutlich entspannter und ruhiger sind. Diese Atemtechnik hat den Vorteil, dass sie ohne tägliches Training funktioniert.

Nun sind Sie an der Reihe

Nehmen Sie Ihr ABC zur Hand, das Sie am Ende von Kapitel 6 erstellt haben, und wenden Sie darauf die beiden Regeln für selbstsicheres Denken an:

1. **Entspricht der Gedanke den Tatsachen? Wo sind die Beweise?**
2. **Hilft mir der Gedanke, mich so zu fühlen und zu verhalten, wie ich es möchte?**

Dann formulieren Sie schriftlich (!) für jeden selbstunsicheren Gedanken einen selbstsicheren Gedankengang. Machen Sie diese Übung bitte schriftlich, auch wenn es Ihnen lästig ist und Sie das Gefühl haben, es genauso gut auch im Kopf machen zu können.

Wenn Sie das getan haben, beginnen Sie sofort, Ihre neuen selbstsicheren Gedanken in der Vorstellung zu trainieren und dies fortan für die nächsten 30 Tage täglich fünfmal für einige Minuten zu wiederholen.

Höre ich Sie etwa gerade stöhnen? Sie meinen, das sei zu viel verlangt? Schließlich hätten Sie auch noch andere Dinge zu erledigen. Das kann ich verstehen, doch Sie haben die Wahl. Sie müssen nicht selbstsicherer werden. Sie haben bisher mit Ihrer Unsicherheit gelebt und werden das voraussichtlich auch weiterhin. Sie können alles vergessen, was ich gesagt habe, und so weitermachen, wie Sie es gewohnt sind.

Überlegen Sie einmal: Wie oft malen Sie sich Katastrophen aus oder erinnern sich an Ereignisse, in denen Sie sich schlecht fühlten? Das sind auch Vorstellungsübungen, die Energie kosten, die aber zwangsläufig zu einem negativen Ergebnis führen. Wäre es nicht sinnvoller, Ihre Energie dafür einzusetzen, das zu üben, was Sie wirklich möchten?

Was möchte ich mir merken?

1 ....

2 ....

3 ....

4 ....

5 ....

8
Selbstsicheres Auftreten setzt voraus, dass Sie sich achten

Wer etwas auf sich hält, lässt sich nicht herumkommandieren oder zum Opfer von Manipulationen machen. Wenn wir uns selbst nicht leiden können, wenn wir uns einreden, minderwertig oder weniger wert zu sein als andere, dann ist es nur natürlich, dass wir andere und deren Rechte über uns und unsere Rechte stellen. Wir lassen anderen dann den Vortritt, weil wir uns einreden: *»Wer bin ich schon? Ich verdiene es nicht, respektvoll behandelt zu werden.«*

Unsere negative Einstellung zu uns wirkt sich auf unser Verhalten aus. Wir treten dann unsicher auf, können anderen nicht in die Augen schauen, sind zögerlich und zurückhaltend, sprechen leise und unterwürfig, rechtfertigen unser Verhalten und entschuldigen uns dafür usw.

Aus diesem selbstunsicheren Verhalten können andere ablesen, dass wir bereit sind, uns zum Opfer machen zu lassen. Durch unser Verhalten, das Ausdruck unseres Selbstbildes ist, zeigen wir anderen also, wie wir behandelt werden möchten. Natürlich kann man seine Unsicherheit auch überspielen und selbstsicher auftreten, wenn man innerlich unsicher ist. Das kostet jedoch sehr viel Energie und man muss ein guter Schauspieler sein. Abgesehen davon sind Menschen, die sich unsicher fühlen, aber selbstsicher auftreten, nicht beziehungsfähig. Sie haben Angst, andere zu nah an sich heranzulassen, haben Angst, andere in sich hineinschauen zu lassen, und sind deshalb ständig bemüht, Distanz zu halten. Sabine, eine Klientin von mir, drückte es so aus: *»Ich habe Angst, andere in mich hineinschauen zu lassen. Die könnten entdecken, dass da nichts ist.«*

Menschen wie Sabine wirken auf andere oft arrogant, hochnäsig oder eingebildet. In Wirklichkeit sind sie nur schüchtern. Da sie sich ihrer unsicher sind, bauen sie um sich herum einen Schutzwall auf, der ihnen zwar eine gewisse Sicherheit gibt, der es ihnen gleichzeitig aber auch unmöglich macht, eine tiefe und emotionale Beziehung zu anderen einzugehen. Sie können sich nicht gehen lassen, weder im Alltag noch beim Sex, da sie immer Angst haben, ihre vermeintlich dunkle Seite von sich preiszugeben, wenn sie sich nicht mehr unter Kontrolle haben.

Wenn Sie sich nicht alles gefallen lassen wollen und vermeiden möchten, dass andere Sie ausnutzen, dann müssen Sie sich nicht nur wie jemand verhalten, der etwas auf sich hält, Sie müssen sich auch so fühlen wie jemand, der es verdient, mit Respekt behandelt zu werden.

Ziel dieses Kapitels ist, Ihnen die Bedeutung eines positiven Selbstwertgefühls vor Augen zu führen und Ihnen einige Tipps zu geben, wie Sie es steigern können.

Hemmungen auf Grund von Hemmungen

Wenn wir uns für Fehler und Schwächen ablehnen, dann fühlen wir uns minderwertig und sind gehemmt. Nun neigen unsichere Menschen dazu, auch ihre Unsicherheit als einen großen Makel anzusehen, für den sie sich ablehnen. Die Folge ist: Sie sind noch verunsicherter und leben ständig in der Angst, andere könnten ihre Unsicherheit entdecken. In diesem Teufelskreis, der dazu führt, dass die Selbstachtung immer mehr sinkt, drehen sich viele unsichere Menschen.

Ich bin minderwertig,
weil ich nicht so gut reden kann, weil ich hässlich bin, weil ich nicht so intelligent bin, weil ich zu groß, zu klein bin, weil ich einen zu großen oder zu kleinen Busen habe, usw.

|

unsicher, gehemmt, ängstlich, schüchtern

|

Ich bin minderwertig.

Gertrud, eine 45-jährige Klientin von mir, hat enorme Probleme damit, auf andere Menschen zuzugehen, und sei es nur, diese auf der Straße nach einem Geschäft oder einer Straße zu fragen. Auch Gertrud findet es ziemlich blöd von sich, dass sie solche Hemmungen hat, und schämt sich dafür. Gleichzeitig ärgert sie sich über sich, dass sie so ein Angsthase ist und es nicht fertig bringt, so etwas »Banales und Alltägliches« zu tun, wie jemanden nach einer Straße zu fragen. Gertrud hat also nicht nur das Problem, dass sie Hemmungen hat, sie hat noch weitere Probleme, die unmittelbar mit ihren Hemmungen zusammenhängen, nämlich Ärger über sich selbst und Minderwertigkeitsgefühle (sie schämt sich).

Nun mal ehrlich. Wenn Gertrud ihre Hemmungen nicht zum Anlass nehmen würde, sich für minderwertig zu halten, was meinen Sie, wie ginge es ihr? Wenn Gertrud es nicht als eine Schande ansehen würde, dann könnte sie trotz ihrer Hemmungen relativ selbstsicher auftreten.

Auf den ersten Blick scheint das ein Widerspruch zu sein – trotz Hemmungen selbstsicher auftreten. Bei näherem Hinsehen löst sich der Widerspruch jedoch auf. Angenommen, ich habe Hemmungen, eine Frau anzusprechen. Wenn ich mich dafür schäme, dass ich Hemmungen habe, dann versuche ich natürlich, meine Unsicherheit und Schüchternheit zu verbergen. Schließlich empfinde ich es ja als Schande, unsicher zu sein. Dadurch werde ich noch unsicherer, weil ich nun nicht nur Angst habe, die Frau anzusprechen, ich habe auch noch Angst, sie könnte merken, dass ich Hemmungen habe.

Würde ich es nicht als Schande empfinden, Hemmungen zu haben, dann könnte ich trotz meiner Hemmungen die Frau ansprechen. Ich würde mir nichts (Schlechtes) dabei denken, mit meiner Schüchternheit eine Frau anzusprechen – wenngleich ich das dann etwas unbeholfen und vielleicht ungeschickt täte. Aber ich würde sie ansprechen, und das ist das Entscheidende. Natürlich könnte ich nicht verhindern, dass sie von mir vielleicht denkt, ich sei unsicher, und sie mich deshalb abweist. Aber zumindest hätte ich es probiert. Wenn ich dagegen vor lauter Hemmungen und Angst, die Frau könnte meine Hemmungen entdecken, sie erst gar nicht anspreche, dann hätte ich von vornherein verloren. Ich würde sie nie kennen lernen und hätte nie die Chance, mit ihr eine Beziehung einzugehen.

Was bedeutet das für Sie? Beginnen Sie den Teufelskreis der Selbstabwertung zu unterbrechen, indem Sie sich nicht auch noch dafür verurteilen und abwerten, dass Sie Hemmungen haben und sich nicht durchsetzen können. Anders ausgedrückt: **Akzeptieren Sie, dass Sie manchmal unsicher sind!**

Ich kann mir vorstellen, was Sie denken: *»Das kann ich nicht. Wenn es mir nichts mehr ausmacht, dass ich unsicher bin, dann ändere ich mich auch nicht, und ich will doch meine Unsicherheit überwinden.«* Das ist ein sehr weit verbreiteter Trugschluss. Das Gegenteil ist richtig. Solange Sie sich immer wieder dafür verurteilen, dass Sie unsicher sind, so lange werden Sie unsicher sein. Die Ursache unsicheren Verhaltens ist ja gerade, dass man nicht viel von sich hält, deshalb andere für besser und wertvoller hält und denen deshalb den Vortritt lässt. Wenn Sie sich für Ihre Unsicherheit verurteilen, dann schütten Sie quasi stets neues Öl aufs Feuer und es lodert von Mal zu Mal heller, statt schwächer zu werden.

Am Ende dieses Kapitels finden Sie deshalb eine wichtige Übung, die Ihnen helfen kann, Seiten und Eigenschaften, die Sie nicht an sich leiden können, anzunehmen.

Über die Angst vor Ablehnung und ihre Ursache

»*Was wird er/sie von mir denken?*«, diese Frage beschäftigt Tag für Tag Millionen Menschen. Diese Frage und die unausgesprochene Antwort darauf hält diese Menschen oftmals davon ab, selbstsicher aufzutreten und ihre Bedürfnisse und Wünsche mitzuteilen.

»Was wird sie von mir denken, wenn ich sie anspreche?«, »Was wird er von mir denken, wenn ich ihm sage, dass ich keine Lust habe, mit ihm auszugehen?«, »Was wird sie (die Verkäuferin) von mir denken, wenn ich, ohne etwas zu kaufen, wieder gehe?«, »Was wird er (der Chef) von mir denken, wenn ich ihm sage, dass ich keine Überstunden machen will?«, »Was wird er (der Ober) denken, wenn ich ihm sage, dass es nicht geschmeckt hat?«, »Was wird er (der Bekannte) von mir denken, wenn ich nicht zu seinem Fest gehe?«, »Was wird mein Freund von mir denken, wenn ich ihm kein Geld leihe?«, »Was würden meine Freunde denken, wenn sie bemerken, dass ich von Computern nichts verstehe?«

Die unausgesprochene Annahme hinter diesen Fragen ist immer: »*Sie (die anderen) werden schreckliche Dinge über mich denken, und das wäre furchtbar. Das könnte ich nicht ertragen.«*

Hinter diesen Fragen steckt also die Angst, von anderen abgelehnt zu werden, bzw. die Angst, dass diese Ablehnung schlimme Folgen für einen haben könnte. Gefühlsmäßig empfinden wir eine Ablehnung als ein Todesurteil. Wir fühlen uns so, als wäre eine Ablehnung gleichbedeutend mit einem vernichtenden Urteil über unser Leben, so, als wäre das unser Ende. Wir tun so, als könnten wir nicht mit einer Ablehnung leben.

Dieses Gefühl, eine Ablehnung nicht überleben zu können, rührt von unserer Kindheit her, in der die Ablehnung durch unsere Eltern tatsächlich etwas sehr Bedrohliches war. Wir waren damals noch nicht in der Lage, ohne unsere Eltern leben zu können. Wir waren auf sie angewiesen und darauf, dass sie für uns sorgten. Jeden strafenden Blick und jede Zurechtweisung empfanden wir damals als Gefahr, als eine »tödliche« Gefahr.

Als Erwachsene sind wir zwar 100 und mehr Zentimeter größer und wiegen ein Vielfaches, können für uns selbst sorgen und sind von anderen nicht mehr in diesem Ausmaß abhängig, aber wir empfinden noch so wie das drei- oder fünfjährige Kind, das seinen Eltern auf Gedeih und Verderb ausgeliefert war. Wir tragen quasi immer noch den kleinen Jungen oder das kleine Mädchen mit uns herum, der/das noch so denkt und fühlt wie damals. Das Kind in uns ist seelisch nicht gereift. Es ist immer noch auf der seelischen Entwicklungsstufe von drei, fünf oder zehn Jahren. Es hat immer noch die gleichen Ängste wie damals, ist immer noch so unsicher und fühlt sich noch so hilflos. Warum ist das so? Warum sind wir seelisch auf dieser Stufe stehen geblieben?

Der Grund dafür ist, dass wir es versäumt haben, diesem

kleinen Jungen oder Mädchen in uns klar zu machen, dass wir erwachsen sind. Wir haben ihm keine Chance gegeben zu wachsen. Stattdessen haben wir alles getan, damit er/es sich nicht entwickeln konnte.

Nachdem unsere Eltern uns bewusst und unbewusst immer wieder belehrt und kritisiert hatten, haben wir das Urteil unserer Eltern über uns übernommen und haben fortan so zu uns gesprochen wie einst unsere Eltern. Wir haben uns selbst die verletzenden und abwertenden Worte an den Kopf geworfen, die wir von unseren Eltern immer wieder hörten. Wir haben das Kind in uns durch negative Selbstgespräche klein gehalten.

So wie unsere Eltern durch ihre negativen Worte verhinderten, dass wir Vertrauen in uns und unsere Fähigkeiten bekommen konnten, so zerstören wir heute jedes aufkommende Selbstvertrauen in uns, indem wir das Kind in uns weiterhin mit Vorwürfen und Kritik bombardieren. Sind wir ängstlich und gehemmt, dann beschimpfen wir uns mit Worten wie Schlappschwanz, Feigling, Armleuchter und Angsthase, anstatt uns quasi in den Arm zu nehmen und uns Mut zu machen. Statt dem kleinen und schüchternen Kind Selbstvertrauen zu geben und ihm zu sagen, dass es nicht tragisch ist, wenn es Angst hat, schüchtern wir es noch mehr ein. Wie sollen das kleine Mädchen oder der kleine Junge so jemals stark und vertrauensvoll werden? Wie sollen es/er unabhängig von der Zuwendung anderer werden? Deshalb ist es so wichtig, dass Sie sich nicht für Ihre Unsicherheit verurteilen, sondern lernen, sich mit dieser Schwäche anzunehmen.

Durch die Frage »*Was wird er/sie von mir denken?*« und die in der Phantasie ausgemalten negativen Konsequenzen in Form von Ablehnung verunsichern wir uns selbst und erzeugen unsere Hemmungen und Schüchternheit. Wenn wir selbstsicher auftreten möchten, müssen wir anders über die möglichen, negativen Reaktionen der anderen denken. Es darf uns nicht mehr so viel ausmachen, wenn andere schlecht auf uns zu sprechen sind. Wie aber erreicht man das? Wie kommt man dahin, dass man von der Meinung der anderen nicht mehr so abhängig ist?

Stärken Sie sich selbst den Rücken

Wir müssen bei uns und bei dem Bild beginnen, das wir von uns selbst haben. Solange wir selbst schlecht auf uns zu sprechen sind, solange wir uns nicht leiden können, uns für jede Schwäche kritisieren und selbst nichts für uns übrig haben, so lange haben wir auch Angst davor, dass andere nichts für uns übrig haben. Ich will Ihnen das an einigen Beispielen erläutern.

Simone hat Kontaktschwierigkeiten. Sie hat Hemmungen, vor allem gegenüber Männern. Auf Partys, wenn sie überhaupt hingeht, kommt sie sich so verloren vor. Simone hält sich – gelinde ausgedrückt – für unattraktiv. Sie findet, dass ihr Busen zu klein ist, dass sie um die Hüften herum zu kräftig ist und dass ihre Haare eine Katastrophe sind. Auf Grund dieser vermeintlichen »Mängel« hält sie sich für unattraktiv und minderwertig. Nichts und niemand konnte sie bisher vom Gegenteil überzeugen, weder die Männer, die um sie wie Bienen um einen Honigkuchen schwärmen, noch ihre Bekannten und Freundinnen. Wenn Männer ihr sagen, dass sie hübsch und attraktiv ist, denkt sie sich sofort: »Das sagt er nur, weil er mir schmeicheln will. Das sagt er nur aus Höflichkeit. Das sagt er nur, um mir nicht weh zu tun. Das sagt er nur, weil er mit mir schlafen will. Er ist gar nicht an mir interessiert. Er will nur auf meine Kosten seinen Spaß haben.« Sie unterstellt allen Männern also, dass diese unehrlich sind und sie, wenn überhaupt, nur als Lustobjekt interessant ist. Sie legt also anderen das Urteil in den Mund, das sie bereits über sich selbst gefällt hat.

Claudia hat Hemmungen, ihrem Mann zu sagen, dass sie gerne Analverkehr hätte. Sie findet, dass ihr Wunsch nach einer solchen sexuellen Praktik unanständig, animalisch und dreckig ist. Aber nicht nur das. Sie hält sich als Mensch, der diesen Wunsch hat, für pervers und minderwertig und hat deshalb Angst, ihr Mann könnte sie verurteilen, so wie sie sich selbst für ihr Bedürfnis verurteilt. Folglich hat sie Hemmungen, ihrem Mann ihre sexuellen Bedürfnisse mitzuteilen, und verwehrt sich so ihre sexuelle Erfüllung.

Petra hat Hemmungen, sich alleine in ein Straßencafé zu setzen oder alleine eine Veranstaltung zu besuchen. Sie denkt sich, die anderen würden von ihr denken, sie sei auf Männersuche – was tatsächlich der Fall ist –, oder die anderen würden denken, sie hätte keinen Mann abbekommen. Auf meine Frage, was denn so schlimm daran sei, wenn andere tatsächlich denken würden, sie suche einen Partner, druckst sie herum. Schließlich sagt sie unter Tränen: »Ohne Mann ist man einfach nichts wert. Die anderen denken bestimmt, dass mit mir etwas nicht stimmt, wenn sie merken, dass ich keinen Partner habe und einen suche.« Sie hält sich also für minderwertig, da sie keinen Partner hat, und befürchtet, andere könnten über sie das gleiche vernichtende Urteil fällen.

Heiko fühlt sich in Gegenwart anderer gehemmt. Er bringt kein Wort über seine Lippen aus Angst, sich zu blamieren oder ausgelacht zu werden. Wie kommt er darauf, sich zu blamieren? Er hält sich für dumm und ungebildet. Er glaubt, er wisse nichts, was andere interessieren könnte. Da er sich für ungebildet hält, befürchtet er, auch andere könnten über ihn solch ein Urteil fällen.

Sie sehen an diesen Beispielen:
So wie wir von uns selbst denken, so glauben wir, dass auch andere von uns denken. Wenn wir uns für minderwertig halten, dann machen wir uns durch dieses negative Selbstbild unsicher und wir unterstellen anderen automatisch, dass diese auch so von uns denken. Wenn wir uns für pervers, nicht liebenswert, unattraktiv und dumm halten –

gleich aus welchen Gründen –, dann denken wir automatisch, dass auch andere so von uns denken, und wir haben Hemmungen, selbstsicher aufzutreten.

Das Gleiche trifft zu, wenn wir es für eine Schande halten zu versagen, wobei das ebenso eine nicht bestandene Prüfung sein kann wie der fehlgeschlagene Versuch, ein höheres Gehalt herauszuschlagen. Wenn wir es als Schande empfinden, versagt zu haben, und daraus folgern, dass wir als Mensch nichts taugen und minderwertig seien, dann haben wir zwangsläufig Hemmungen, da wir befürchten, andere könnten das Versagen ebenfalls zum Anlass nehmen, uns abzulehnen und sich von uns abzuwenden.

Hinter der Angst zu versagen steckt also letztlich die Angst, abgelehnt zu werden. Würden wir selbst es nicht als Schande betrachten durchzufallen, würden wir uns selbst deshalb nicht für minderwertig halten, dann hätten wir auch keine Angst, dass andere uns auslachen oder ablehnen. Wenn wir lediglich enttäuscht wären, durchgefallen zu sein – was eine angemessene Reaktion wäre –, uns selbst und unseren Wert aber nicht in Frage stellen würden, dann hätten wir auch keine Hemmungen, anderen selbstsicher unter die Augen zu treten, und würden auch nicht verlegen reagieren, wenn andere spöttische und abfällige Bemerkungen machen.

Negative Reaktionen anderer machen uns nur dann etwas aus, wenn sie einen wunden Punkt in uns berühren. Dieser wunde Punkt ist immer das negative Bild, das wir von uns selbst haben.

Wenn Sie also Ihre Unsicherheit überwinden möchten, dann müssen Sie bei der Meinung beginnen, die Sie von sich, Ihren Schwächen und Ihren Fähigkeiten haben. Sie müssen vor all den anderen, d.h. als **Erster** beginnen, sich anzunehmen, so wie Sie sind – mit all Ihren Fehlern und Mängeln. Erst wenn Sie selbst davon überzeugt sind, dass Ihre Fehler und Mängel nichts, aber auch gar nichts an Ihrem Wert als Mensch ändern, erst wenn Sie sich für liebenswert halten, dann, aber auch wirklich erst dann berührt es Sie kaum, wie andere über Ihre Fehler und Mängel denken. Erst dann sind Sie nicht mehr krampfhaft auf der Suche nach Bestätigung und Anerkennung. Erst dann haben Sie nichts mehr zu verlieren und niemand kann Ihnen etwas wegnehmen, denn dann sind Sie derjenige, der die Maßstäbe setzt und darüber entscheidet, wer und was Sie sind.

Ein Beispiel für einen Menschen, der sich mag

Leo Buscaglia, ein sehr warmherziger und liebenswerter Mensch, den ich einmal persönlich in Amerika kennen gelernt habe und der leider schon gestorben ist, erzählte mir folgende schöne Geschichte, die zeigt, wie leicht man mit einer Ablehnung umgehen kann, wenn man etwas auf sich hält. Er sagte:

»Ich grüße an der Universität, an der ich lehre, alle Menschen, die mir begegnen, ob ich sie nun kenne oder nicht. Manche grüßen freundlich zurück, manche grüßen nicht und manche fragen mich in einem gereizten oder herausfordernden Ton: ›Kennen wir uns?‹ Ich antworte darauf stets mit: ›Nein, aber wäre es nicht schön, wenn wir uns kennen lernen würden?‹ Und manche antworten darauf: ›Nein‹. Schade, denke ich mir dann, dass sie einen so netten Menschen wie mich nicht kennen lernen wollen.«

Eine solche Reaktion zeugt von einem hohen Selbstwertgefühl. Leo Buscaglia war von sich überzeugt, dass er ein liebenswerter Mensch ist. Er war deshalb nicht überheblich oder eingebildet. Nein, er hatte einfach ein natürliches und gutes Verhältnis zu sich selbst. Dieses gute Verhältnis zu sich selbst ermöglichte ihm, auf so bewundernswert gelassene und ruhige Art mit einer Ablehnung umzugehen. Er war sich seiner sicher und war deshalb nicht verunsichert, wenn ein anderer ihn ablehnte.

Sie kennen vielleicht die Geschichte von dem Schwan, der sich viele Jahre für ein hässliches Entlein hielt. Erst als das vermeintliche Entlein die Wahrheit über sich erfuhr, nämlich dass es in Wirklichkeit ein wunderbarer und herrlicher Schwan war, und es sich diese Wahrheit auch zu Eigen machte, verhielt und fühlte es sich auch wie ein Schwan. Im Moment halten Sie sich vielleicht noch für ein Entlein, da Ihnen jemand (Ihre Eltern und Erzieher) vor langer Zeit eingeredet hat, Sie seien eines. Und da Sie bisher überhaupt nicht auf die Idee kamen, dass Sie etwas anderes sein könnten als ein Entlein, gaben Sie sich mit dieser Rolle zufrieden und verhielten sich wie ein Entlein, das sich für dumm, unfähig, minderwertig und schwach hält, und das deshalb Angst vor den Schwänen dieser Welt hat.

Selbstbewusstsein hat sehr viel damit zu tun, wie Sie von sich denken, welches Bild Sie von sich haben. Ich kann es nicht oft genug wiederholen und betonen: **Sie werden sich erst dann selbstsicher fühlen und den Traum von der selbstbewussten Frau oder dem selbstbewussten Mann verwirklichen können, wenn Sie das Bild von sich, das Sie in Ihrem Herzen tragen, radikal geändert haben.**

Sie müssen erkennen, dass Sie sich bislang fälschlicherweise für ein hässliches Entlein hielten, und müssen sich die Wahrheit über sich sagen – nämlich, dass Sie ein Schwan sind. Sie müssen sich Ihrer Fähigkeiten und Ihres Wertes bewusst sein. Sie müssen daran glauben, wer zu sein und das Recht zu haben, wie ein »Wer« behandelt zu werden, um das Mäntelchen der Unsicherheit abstreifen zu können.

Solange Sie an sich zweifeln, schlecht von sich denken, Ihre Schwächen und Fehler zum Anlass nehmen, um schlecht von sich zu denken, so lange werden Sie Hemmungen haben und so lange sind Selbstsicherheit und Durchsetzungsvermögen in weiter Ferne. Mit jeder Schwäche mehr von sich, die Sie akzeptieren, rückt das Selbstvertrauen auch näher und bald ist es zum Greifen nahe.

Gedanken zum Nachdenklich-Machen und zum Überdenken

Wenn ein Mensch Sie ablehnt, dann sagt seine Ablehnung absolut nichts darüber aus, ob Sie ein liebenswerter und wertvoller Mensch sind. Seine Ablehnung sagt einzig und alleine etwas über ihn aus, nämlich über seinen Geschmack, seine Interessen, seine Vorstellungen, seine Ideale, seine Maßstäbe, seine Normen, seine Ansichten, seine momentane Stimmung usw. Ich will Ihnen das an einem Beispiel erläutern.

Ich habe bei mir zu Hause moderne Bilder hängen, auf denen geometrische Formen und Farben nach einem bestimmten Prinzip angeordnet sind. Das ist vielleicht nicht ganz Ihr Geschmack. Ihnen würden diese Bilder vielleicht nicht gefallen, da Sie mehr auf Landschaften stehen. Sind nun meine Bilder, nur weil Sie und viele andere einen anderen Geschmack haben, minderwertig oder gar wertlos? Oder umgekehrt. Sind die Bilder, die Sie bevorzugen, minderwertig, nur weil ich ihnen nichts abgewinnen kann? »*Natürlich nicht*«, werden Sie zu Recht sagen. »Und warum nicht?«, frage ich Sie. »*Das ist Geschmacksache*«, werden Sie mir vielleicht antworten und damit hätten Sie vollkommen Recht.

Übertragen auf uns Menschen bedeutet dies: Wenn ein anderer Sie ablehnt, dann entsprechen Sie nicht seinem Geschmack – zumindest im Augenblick. Vielleicht sind Sie ihm zu groß oder zu klein, zu dick oder zu dünn, sind zu ruhig oder zu lebhaft, reden zu viel oder zu wenig, haben nicht die gleichen Interessen wie er, haben nicht die richtige Haarfarbe, sind in seinen Augen komisch angezogen, sind anderer politischer Meinung wie er usw. Kurzum, Sie entsprechen nicht seinen persönlichen (!) Vorstellungen.

Auch wenn Ihnen das Beispiel mit den Bildern einleuchtet, würden Sie sich dennoch mies fühlen, wenn in diesem Moment jemand käme und Sie ablehnen würde. Und wissen Sie auch warum? Weil Sie nicht daran glauben, dass die Ablehnung eines anderen nichts über Ihren Wert aussagt. Es leuchtet Ihnen zwar ein, dass der andere lediglich etwas über sich aussagt bzw. seinen Geschmack, aber Ihr Bauch scheint das nicht zu wissen. Das ist so wie in der Geschichte mit dem Psychiater und dem Patienten, der sich für eine Maus hielt und deshalb Angst vor Katzen hatte. Am Tage seiner Entlassung sagte der Psychiater zu ihm: »Sie sind geheilt. Sie wissen nun, dass Sie keine Maus sind, und deshalb brauchen Sie auch keine Angst mehr vor Katzen haben.« Nur wenige Minuten, nachdem sich der Psychiater von dem Patienten verabschiedet hatte, stand dieser wieder ganz außer Atem und voller Angst vor ihm. »Was ist denn los?«, fragte der Psychiater. »Sie wissen doch, dass Sie keine Maus sind. Warum haben Sie denn Angst?« »Ja, ja«, antwortete der Patient. »Ich weiß schon, dass ich keine Maus bin, aber weiß das die Katze auch?«

In diesem Witz steckt eine tiefere Wahrheit. In Wirklichkeit war der Patient nämlich nicht davon überzeugt, keine Maus zu sein. Der Psychiater hatte ihm zwar plausibel erklärt, dass er ein Mensch ist, und der Patient sah das auch vom Verstand her ein, aber glauben mochte und konnte er es nicht. Hätte er es geglaubt, hätte er sich also für einen Menschen gehalten, dann hätte er sich auch keine Sorgen darum gemacht, ob die Katzen das wissen. Das wäre ihm dann völlig schnuppe gewesen, weil er als Mensch die Katzen nicht zu fürchten braucht, wohl aber als Maus. Diese Geschichte zeigt uns etwas sehr Wichtiges.

Es kommt nicht so sehr darauf an, wie andere über uns denken und wofür andere uns halten. Es kommt vielmehr darauf an, was wir von uns halten und wie wir über uns selbst denken.

Wenn wir uns für minderwertig halten, dann, und nur dann haben wir Angst, andere könnten uns auch für minderwertig halten, und haben Angst vor einem abweisenden Urteil. Wenn wir jedoch davon überzeugt sind, liebenswert und wertvoll zu sein, dann haben wir auch keine Angst, was andere von uns denken könnten. Wir sind nicht völlig am Boden zerstört, wenn andere uns ablehnen, und wir sind dann nicht von der Meinung der anderen abhängig. Wir getrauen uns dann, unsere Wünsche zu äußern und Forderungen abzulehnen, und gehen das Risiko ein, abgelehnt zu werden.

Hemmungen sind nichts anderes als Ängste. Angst davor, abgelehnt und als der entlarvt zu werden, für den wir uns selbst halten: für ein mickriges und minderwertiges Menschlein. Solange wir nichts von uns halten, haben wir Angst, andere könnten genauso von uns denken, so lange haben wir Hemmungen und so lange fehlt es uns an Selbstvertrauen.

Wenn Sie Ihre Hemmungen überwinden möchten, dann

müssen Sie bei sich anfangen, genauer gesagt bei der Meinung, die Sie von sich haben. Erst wenn Sie davon überzeugt sind, dass Sie ein liebenswerter und wertvoller Mensch sind, werden Sie Ihre Hemmungen ablegen. Solange Sie sich selbst ablehnen, so lange werden Sie Angst haben, von anderen abgelehnt zu werden.

Sie müssen erst Ihrer (Person) sicher sein – das drückt das Wort Selbstsicherheit aus –, dann verlieren Sie die Angst vor Ablehnung, die am weitesten verbreitete Angst, die aus Löwen Angsthasen und aus emanzipierten Frauen brave Mädchen macht. Erst wenn Sie aufhören, sich für eine Maus zu halten, und sich für das halten, was Sie sind, nämlich ein liebenswerter und wertvoller Mensch, werden Sie frei von der Angst vor Ablehnung sein.

Wohin die Angst vor Ablehnung führt

Andreas war leitender Angestellter in einer Bank. Er war der Liebling aller Frauen, da er sehr charmant war. Bei den Männern hatte er keine Feinde – zumindest war das so bis vor kurzem. Er wirkte äußerst diszipliniert und ruhig. Er war nie laut und hatte immer ein Lächeln auf den Lippen. Ein rundherum sympathischer Mann von 35 Jahren, der hätte zufrieden sein können, wenn sein ganzes Verhalten nicht Fassade gewesen wäre und er nicht diese »dumme« Angst gehabt hätte, abgelehnt zu werden, und ein nicht zu übersehendes Zittern der Hände, wenn er sich in Gesellschaft anderer befand. Andreas hatte in Gesellschaft anderer stets das Gefühl, in einer Prüfung zu sein. Er hatte wahnsinnige Angst, von anderen negativ beurteilt zu werden und bei der Begutachtung durchzufallen. Folglich versuchte er ständig krampfhaft, sich im Griff zu haben, ja kein falsches Wort zu sagen und sich unauffällig zu benehmen. Er sagte nie seine Meinung, vertrat nie einen klaren Standpunkt. Er wollte dadurch vermeiden, von anderen angegriffen und für seinen

Standpunkt abgelehnt zu werden. Mit der Zeit wurde das seinen Kollegen suspekt. Sie kritisierten ihn dafür, dass er nie seine Meinung sagte. Auch waren sie neidisch, weil er sich so gut mit den Frauen verstand. Daraufhin änderte er sein Verhalten gegenüber den Frauen drastisch. Sie waren für ihn auf einmal Luft und er beachtete sie nicht mehr. Nun erntete er von Seiten der Frauen Kritik. Mit der Zeit mutmaßten seine Kollegen auf Grund seines nunmehr abgekühlten Verhaltens gegenüber Frauen, dass er möglicherweise homosexuell sei, und machten hinter seinem Rücken ihre Witze über ihn.
Dadurch, dass es Andreas allen recht machen und nicht anecken wollte, hatte er schließlich fast alle gegen sich. Es war genau das eingetreten, was er mit allen Mitteln hatte vermeiden wollen.

Wer ständig bemüht ist, es jedermann recht zu machen, wird selbst bald bedeutungslos sein.

Charles M. Schwab

Es gibt eine sehr schöne orientalische Geschichte, die von einem Vater, seinem Sohn und einem Esel handelt und die auf anschauliche Weise verdeutlicht, dass wir es nie allen recht machen können:

Der Vater reitet auf einem Esel, während sein kleiner Junge nebenherläuft. Eine Stimme ruft: »Jetzt muss der arme kleine Junge mit seinen kleinen Beinchen neben dem Esel herlaufen, während der Vater auf dem Esel sitzt. So eine Rücksichtslosigkeit.« Daraufhin steigt der Vater vom Esel ab und lässt seinen Jungen darauf reiten, während er nebenherläuft. Kaum sind sie ein paar Schritte des Wegs gegangen, ruft eine andere Stimme: »Jetzt schaut euch das an. Der arme alte Vater mit seinen müden Knochen muss laufen, damit sein Sohn wie ein Pascha auf dem Esel reiten kann. So eine Frechheit.« Beide, Vater und Sohn, schauen sich an und der Vater steigt zu seinem Sohn auf den Esel. Doch kaum sind sie ein paar Schritte geritten, ruft eine andere Stimme: »Tierquälerei. Der alte und der junge Nichtsnutz haben nichts

Besseres zu tun, als das arme Tier zu schinden.« Vater und Sohn steigen beide vom Esel herunter und laufen neben ihm her. Doch wieder ruft eine Stimme: »Jetzt schaut euch die beiden Trottel an. Wozu habt ihr einen Esel, wenn er euch nichts nutzt?«

Was wir auch tun: Es findet sich immer jemand, der das verurteilt. Deshalb dürfen wir andere nicht die Regeln für uns aufstellen lassen. Wir müssen unsere eigenen Regeln aufstellen und nach ihnen leben. Wenn wir darauf warten, dass andere uns ihre Zustimmung geben, dann sitzen wir in der Abhängigkeitsfalle.

Wie Sie Ihr Selbstwertgefühl stärken können

Es gibt eine Menge Übungen zur Steigerung des Selbstwertgefühls. In meinem Buch »So gewinnen Sie mehr Selbstvertrauen« widme ich mich ganz diesem Thema. In ihm zeige ich nicht nur auf, durch welche Erziehungsfehler wir uns heute so oft selbst ablehnen und verurteilen, ich gehe auch sehr ausführlich darauf ein, wie wir lernen können, uns selbst mehr anzunehmen, uns selbst mehr den Rücken zu stärken. Wenn Sie große Probleme mit Ihrem Selbstwertgefühl haben, möchte ich Ihnen dieses Buch ans Herz legen. Aus ihm möchte ich Ihnen zwei Übungen vorschlagen, die Ihnen helfen können, Ihr Selbstwertgefühl und Ihr Selbstvertrauen zu steigern.

1. Schließen Sie Frieden mit Ihren negativen Seiten.
Wenn Sie gewisse Eigenschaften und Verhaltensweisen nicht an sich leiden können und sich dafür verurteilen, dann liegen Sie in einer ständigen Zwietracht mit sich und leben in Unfrieden mit Ihrer Person und Ihrem Körper. Damit in Sie

Harmonie einkehren kann, müssen Sie lernen, Ihre negativen Seiten an sich zu akzeptieren. Dann und erst dann haben Sie die Voraussetzung geschaffen, um diese überwinden zu können. Ich weiß, das klingt unsinnig, denn Sie wollen ja alles andere, als Ihre negativen Seiten an sich zu tolerieren. Sie wollen sie loswerden, Sie wollen perfekt werden, ohne Fehl und Tadel sein. Aber glauben Sie mir: **Je mehr Sie sich gegen Ihre »Fehler« wehren, je mehr Sie diese verleugnen, unterdrücken und sich für sie verurteilen und schämen, desto hartnäckiger und stärker werden sie und desto geringer ist die Chance, sie jemals loszuwerden.**

Keine Angst. Schlechte Seiten an sich zu akzeptieren heißt nicht, sie gut zu finden oder sich mit ihnen abzufinden. Sie zu akzeptieren bedeutet lediglich, sie für *den Moment* als Teil Ihrer Persönlichkeit anzunehmen. Manche meiner Klienten befürchten, dass, wenn sie erst einmal eine schlechte Eigenschaft von sich akzeptiert haben, sie keinen Antrieb mehr haben, sie aus der Welt zu schaffen. Das ist falsch. *Das Gegenteil ist richtig.* Erst wenn wir sie annehmen, haben wir die Kraft und Fähigkeit, sie zu verändern.

Erstellen Sie nun gleich eine Liste von all den Eigenschaften und Verhaltensweisen, die Sie nicht an sich ausstehen können. Schreiben Sie die 10 Eigenschaften oder Persönlichkeitsmerkmale auf, für die Sie sich am meisten schämen und die Sie am schlimmsten finden.

1 ....

2 ....

3 ....

4 ....

5 ....

6 ....

7 ....

8 ....

9 ....

10 ....

Nun sagen Sie sich täglich mindestens 10-mal: *»Ich verzeihe mir, dass ich … .«* (setzen Sie hier die Eigenschaft ein, die Sie unter Punkt 1 stehen haben.) Sagen Sie sich diesen Satz mindestens eine Woche lang bzw. so lange, bis Sie das Gefühl haben, sich diese Eigenschaft tatsächlich zu verzeihen. Danach setzen Sie die Eigenschaft, die Sie unter Punkt 2 notiert haben, ein und verfahren auf dieselbe Weise usw.

Sie sehen schon: Ich verlange ganz schön viel von Ihnen. Ich weiß das. Ich würde es Ihnen gerne einfacher machen. Aber ich kenne nun mal keinen leichteren Weg, wie Sie ans Ziel gelangen können.

2. Machen Sie sich Ihre Stärken bewusst.
Wenn ich meine Klienten bitte, mir zu sagen, welche positiven Seiten und Stärken sie haben, entsteht in der Regel erst einmal eine Pause. Es fällt ihnen nichts ein. Sie tun sich sehr schwer, positive Seiten an sich zu finden. Wenn ich sie umgekehrt bitte, mir zu sagen, welches ihre negativen Eigenschaften sind, dann sprudeln sie nur so und können mir auf Anhieb zahlreiche aufzählen.

Sicherlich geht es Ihnen ähnlich. Auch Sie tun sich wahrscheinlich sehr schwer, positive Seiten von sich zu nennen. Nun ist es jedoch an der Zeit, dass Sie sich einmal Ihre Stärken bewusst machen. Sie müssen Ihren negativen Seiten etwas entgegensetzen können. Wenn Ihnen nur Negatives über sich einfällt, dann ist es nicht verwunderlich, dass Ihr Selbstvertrauen und Ihr Selbstbewusstsein gering sind.

Reden Sie sich und mir bitte nicht ein, dass Sie keine positiven Seiten haben. Sie haben wie jeder andere Mensch auch Ihre Stärken und positiven Eigenschaften. Dass Ihnen diese nicht bewusst sind bzw. Sie sich so schwer tun, diese zu benennen, liegt vermutlich daran, dass Sie sie für selbstverständlich oder nicht der Rede wert halten.

Isabell, eine Klientin von mir, tat sich sehr schwer, etwas Positives an sich zu finden. Ich erinnerte mich, dass sie in einer unserer Sitzungen gesagt hatte, sie könne gut zuhören und andere kämen gerne zu ihr, um sich auszusprechen. Ich fragte sie, ob dies nicht etwas Positives sei. Sie antwortete: *»Das ist doch nichts Besonderes. Das kann jeder.«*

Vermutlich geht es Ihnen ähnlich. Auch Sie halten die positiven und erwähnenswerten Seiten von sich für nichts Besonderes und tun sich deshalb schwer, etwas zu finden. Das Problem ist Ihr Anspruchsniveau. Sie meinen, eine Eigenschaft, die manch ein anderer auch besitzt, sei nichts Besonderes. Das ist ein großer Denkfehler. Sie sind zwar einzigartig in dem Sinne, dass es Sie nur ein einziges Mal auf der Welt gibt und je geben wird, aber dennoch teilen Sie mit anderen Menschen gewisse Eigenschaften und Fähigkeiten. Dies ist jedoch kein Grund, von sich zu behaupten, man habe nichts zu bieten, nur weil andere auch die eine oder andere Fähigkeit von einem haben. Vielleicht blockiert Sie auch der Gedanke *»Eigenlob stinkt«*. Sie sollen sich hier jedoch nicht als Miss Universum darstellen oder als Engel, der keine Fehler und Schwächen hat. Sie sollen lediglich auf Ihrem inneren Konto auch Ihre positiven Eigenschaften verbuchen und nicht nur Ihre negativen.

Verfassen Sie eine Art Bewerbungsschreiben. Stellen Sie sich vor, Sie müssten sich als Mensch bewerben und es käme darauf an, dass Sie alle Ihre Stärken und positiven Eigenschaften – auch wenn Sie diese mit manch einem anderen teilen – hervorheben. Beim Verfassen dieses Bewerbungsschreibens mag es Ihnen helfen, wenn Sie sich daran erinnern, was andere Ihnen immer wieder zugute halten. Denken Sie darüber nach, welche positiven Seiten und Fähigkeiten andere an Ihnen schätzen, und führen Sie diese mit auf. Dieses Bewerbungsschreiben sollte mindestens ein oder zwei handgeschriebene DIN-A4-Seiten umfassen.

Um Ihnen einen kleinen Eindruck davon zu vermitteln, wie ein solches Bewerbungsschreiben aussehen könnte, möchte ich Ihnen das von **Gloria**, einer meiner Klientinnen, vorstellen.

> »Ich bin 35 Jahre alt, verheiratet mit Klaus und habe zwei Kinder. Seit 10 Jahren arbeite ich als Sekretärin. Ich leiste gute Arbeit, komme fast immer pünktlich zur Arbeit, vergesse selten, Dinge zu erledigen, und erledige meine Aufgaben immer genau und pünktlich. Ich habe ein gutes Verhältnis zu den meisten meiner Kolleginnen und Kollegen. Mein Chef lobt mich von Zeit zu Zeit und sagt mir, dass er ohne mich aufgeschmissen wäre. Ich bin zuverlässig. Wenn man mir eine Arbeit überträgt, dann erledige ich sie auch gewissenhaft und erfülle das Vertrauen, das man in mich setzt. Meine Kolleginnen unterhalten sich gerne mit mir und fragen mich oft um Rat, wenn es um private oder familiäre Probleme geht.
> Ich bin ein warmherziger und offener Mensch. Ich verstehe mich gut mit meinen Kindern und meine Kinder haben Vertrauen zu mir. Wenn sie ein Problem haben, dann besprechen sie es mit mir. Wenn ich ungerecht oder aus einer schlechten Laune heraus zu streng zu ihnen war, dann kann ich mich entschuldigen und meinen Fehler eingestehen. Ich nehme mir die Zeit, um mir die Sorgen und Nöte meiner Kinder anzuhören. Ich bin eine gute Köchin. Mein Mann und meine Kinder essen gerne, was ich ihnen vorsetze. Wenn wir Gäste haben, dann loben sie mich mei-

stens sehr und bewundern meine Kochkünste. Ich stricke sehr gerne und meine Pullover finden immer großen Anklang.
Ich bin intelligent und kann mir Dinge gut merken.
Ich bin handwerklich geschickt und kann kleinere Reparaturen im Haus selbst erledigen. Ich verstehe es gut, mir meine Arbeit einzuteilen.
Ich lese gerne Bücher über andere Kulturen und Sitten. Es macht mir Spaß, mit anderen Menschen darüber zu diskutieren.
Ich probiere gerne neue Speisen und Gerichte aus, die ich noch nicht kenne.
Ich fahre seit 10 Jahren unfallfrei und habe nur einmal einen Strafzettel wegen Falschparkens bekommen. Es macht mir Spaß, Auto zu fahren. Andere haben mir schon oft gesagt, dass ich eine gute Autofahrerin bin.
Ich bemühe mich, andere Menschen nicht vorschnell zu verurteilen.
Ich versuche, ihr Verhalten zu verstehen, und erinnere mich daran, dass auch ich nicht perfekt bin.«

Beim Lesen dieser Selbstdarstellung mag Ihnen durch den Kopf gegangen sein, dass vieles, was Gloria erwähnt hat, auch auf Sie zutrifft, Sie aber nie auf den Gedanken gekommen wären, dies als positiv anzusehen. Dies zeigt Ihnen, mit welcher Selbstverständlichkeit Sie Ihre positiven Seiten sehen, und das sollte Ihnen zu denken geben.

Kein Urteil
hat weitreichendere Folgen als das,
das wir über uns selbst fällen.
Deshalb ist es wichtig,
dass Sie wohlwollend über sich
denken und sprechen.

So, nun sind Sie an der Reihe. Nehmen Sie sich mindestens ein oder zwei Stunden Zeit, um Ihre eigenen Stärken und positiven Seiten aufzuschreiben. Einmal fertiggestellt, sollten Sie diese Liste ständig ergänzen, wann immer Ihnen etwas einfällt, das Sie ausgelassen haben.

Lesen Sie sich Ihr Geschriebenes täglich für vier Wochen durch, auch wenn es Ihnen zum Hals heraushängt oder Sie glauben, alles schon auswendig zu wissen. Am besten lesen Sie den Text laut vor und sprechen ihn voller Überzeugung – auch wenn Sie sich noch nicht unbedingt danach fühlen. Überfliegen Sie ihn bitte nicht nur oder leiern ihn herunter. Setzen Sie sich ernsthaft damit auseinander. Sie sprechen über sich und wollen damit Ihr Selbstwertgefühl stärken. Versprochen?

Was möchte ich mir merken?

1 ....

2 ....

3 ....

4 ....

5 ....

9
Wie andere Sie zu manipulieren versuchen

Wir alle sind manipulierbar, in einem erschreckend hohen Maße sogar. Dies belegen Experimente, die von Psychologen durchgeführt wurden, um zu sehen, was sich Menschen alles gefallen lassen.

Wie würden Sie reagieren, wenn Sie aus einer Telefonzelle kommen, ein Mann würde Sie ansprechen und Ihnen sagen, er habe kurz vor Ihnen auch telefoniert und nun vermisse er seinen Ring. Würden Sie seiner Aufforderung, Ihre Taschen zu leeren, nachkommen? In diesem Experiment sind 80 % der Angesprochenen dieser Aufforderung nachgekommen. In einem anderen Experiment, das in die Geschichte der Psychologie eingegangen ist, wurden Versuchspersonen von einer Autorität aufgefordert, einer Person Stromschläge (bis zu 450 Volt) zu geben, wenn diese eine falsche Antwort auf eine Testfrage gab. Die Person, die die Stromschläge verabreichte, konnte das Opfer, das vor Schmerz schrie, durch eine Scheibe sehen. Sie meinen, so etwas würde niemand machen? 65% der Personen gehorchten dem Versuchsleiter! Die Versuchsperson, die mit Stromschlägen bestraft werden sollte, bekam natürlich keine echten Stromschläge. Es handelte sich um einen guten Schauspieler, der so tat, als würde er gepeinigt werden.

Im Alltag haben die Manipulationsversuche unserer Mitmenschen nicht ganz so schlimme Folgen, aber sie erfüllen ihren Zweck: uns gefügig zu machen, damit wir das tun, was andere von uns erwarten. Diese Manipulationsversuche sind dann erfolgreich, wenn es dem Manipulierer gelingt, sein Opfer an einer seelisch verwundbaren Stelle zu treffen. Dies erreicht der Manipulierer in der Regel durch Äußerungen, wie sie auch schon unsere Eltern gebraucht haben. Diese Äußerungen verfolgen nur einen Zweck: Wir sollen uns Schuldgefühle machen oder unter der entsetzlichen Angst leiden, abgelehnt und zurückgewiesen zu werden. Dann hat der andere leichtes Spiel mit uns. Dann sind wir gefügig und der andere kann uns nach Strich und Faden ausnutzen. Wenn Sie jedoch die versuchte Manipulation in den Worten des anderen erkennen, dann können Sie auch etwas dagegen tun.

Beispiele für manipulative Äußerungen

»Ich tue alles für dich, und wenn ich dich einmal um einen Gefallen bitte, dann ...«

Damit will der andere ausdrücken, dass Sie in seiner Schuld stehen, ihm etwas schuldig sind. Kommen Sie seinem Wunsch nicht nach, dann müssen Sie zweifelsohne ein sehr egoistischer und damit schlechter Mensch sein und als solcher dürfen Sie nicht damit rechnen, gemocht zu werden. Auch steht hinter dieser Äußerung die unausgesprochene Drohung, keine Unterstützung und Hilfe zu bekommen, wenn Sie einmal welche brauchen sollten.

Diese manipulative Äußerung ist deshalb oft so erfolgreich, weil wir alle gelernt haben, wenn ein anderer etwas für uns tut, dann stehen wir in seiner Schuld und sind ihm zu Dank verpflichtet. Wenn wir etwas geschenkt bekommen, fühlen wir uns dem Schenkenden verpflichtet. Da wir dies wissen, tun wir uns oft schwer, etwas anzunehmen, was es gratis gibt. Wir befürchten, uns dadurch zu etwas zu verpflichten, was wir nicht möchten. So etwa, wenn wir angeboten bekommen, kostenlos einen neuen Sekt oder ein neues Produkt zu probieren. Viele Menschen machen um solche Probierstände einen großen Bogen, da sie jemandem, der ihnen etwas geschenkt hat, nur schwer etwas abschlagen können, etwa dieses Produkt dann auch zu kaufen.

»Wenn du mich mal brauchst, brauchst du gar nicht erst zu kommen.«

Hier wird die Drohung direkt ausgesprochen. Entweder Sie geben nach, oder Sie brauchen auf den anderen nicht mehr zu zählen. Wenn Sie einmal Hilfe brauchen sollten, werden Sie niemanden haben, der Ihnen zur Seite steht. Sie werden ganz allein sein und dann werden Sie es schon bereuen, dass Sie so ein egoistischer Mensch sind. Dann werden Sie sehen, was Sie davon haben, dass Sie sich von anderen nicht manipulieren lassen.

»Du denkst nur an dich. Immer soll alles nach deinem Kopf gehen. Du bist ganz schön egoistisch.«

Der Vorwurf, egoistisch zu sein, trifft die meisten von uns am härtesten. Wir wurden so zu Selbstverleugnung und Selbstaufopferung erzogen und Egoismus wurde von unseren Eltern als so etwas Schlechtes hingestellt, dass wir uns bei einer solchen Bemerkung fast automatisch mies und schuldig fühlen.

»Du hast mir mit deinen Worten ganz schön weh getan.«

Der andere will Ihnen sagen, dass es Ihre Schuld ist, wenn es ihm schlecht geht, und dass Sie ein sehr schlechter Mensch sein müssen, einem so netten Menschen wie ihm so etwas Schlimmes anzutun. Wieder sollen Sie Schuldgefühle bekommen.

»Ich bin dir wohl gleichgültig. Du bist herzlos, gefühllos.«

Der andere will, dass Sie ein schlechtes Gewissen bekommen und ihm beteuern, dass dem nicht so ist. Tun Sie das, dann wird er Sie darauf hinweisen, dass, wenn Ihnen tatsächlich etwas an ihm liegen würde, Sie wohl kaum so egoistisch wären, denn wer einen anderen liebt, der wird wohl kaum so egoistisch sein, wie Sie es sind. Richtig? In dieselbe Richtung geht die nächste Bemerkung.

»Wenn du mich wirklich lieben würdest, dann ...«
Achtung: Dies ist ein Liebestest. Jetzt heißt es Farbe bekennen. Liebe ist, wenn Sie anderen erlauben, Ihnen vorzuschreiben, was Sie zu tun und zu lassen haben. Wenn Sie den anderen mögen, wie können Sie es dann wagen, ihm etwas abzuschlagen oder Ihren Kopf durchzusetzen?

»Du wirst schon sehen, was du davon hast. Das wird dir noch einmal Leid tun.«
Wieder so eine Drohung, die uns in Angst und Schrecken versetzen und uns gefügig machen soll. Die Ungewissheit, was passieren wird, ist für viele Menschen Anlass, sich in große Angst zu versetzen. Nichts ist schlimmer als die Vorstellung, es könnte etwas passieren, mit dem man nicht fertig werden könnte, oder man müsste sich eingestehen, einen Fehler gemacht zu haben, den man nun bitter und unter Selbstvorwürfen bereuen würde. Also lieber nichts riskieren, auf Nummer sicher gehen und nachgeben. So bewahrt man sich wenigstens vor dem angedrohten Unheil.

»Wegen dir ... Du bist schuld daran, wenn ich ...«
Hier will der andere Ihnen die Verantwortung für sein Befinden oder sein Handeln in die Schuhe schieben. Wenn es ihm seelisch oder körperlich schlecht geht oder er Unannehmlichkeiten und Nachteile hat, dann liegt das daran, dass Sie so hartherzig sind und nicht nach seiner Pfeife tanzen.

»Du hast kein Recht …«
Der andere will Ihnen Schuldgefühle einflößen, indem er Ihnen vorwirft, Sie täten etwas Unrechtes, etwas, das Ihnen nicht zusteht. Er pocht auf sein Recht und verlangt, dass Sie das Ihrige unter den Tisch fallen lassen.

»Du kannst das viel besser als ich. Das machst du toll. Mit dir kann man halt rechnen. Auf dich ist halt Verlass.«
Im Grunde sind das Komplimente. Der andere schmeichelt Ihnen. Aber sagt der andere das vielleicht nur, weil er hofft, Sie würden ihm die Arbeit oder was immer es auch ist, abnehmen? Ob es sich um ein Kompliment oder um den Versuch handelt, Sie zu manipulieren, können Sie leicht feststellen, indem Sie sagen: *»Danke für das Kompliment. Aber du kannst lernen, es genauso gut zu machen. Probier' es.«* Reagiert der andere beleidigt oder mit Äußerungen wie *»Du bist schuld daran, wenn …«, »Wenn ich dich mal um etwas bitte …«,* dann wissen Sie, was Sache ist.

»Wenn Du mich verlässt, bringe ich mich um.«
Der andere macht seine Existenz von Ihnen abhängig. Sie sind schuld, wenn er sich das Leben nimmt. Dies ist eine der massivsten und unverfrorensten Drohungen, die es gibt, und nur selten verfehlt sie ihr Ziel. Es gehört schon sehr viel Mut und Stärke dazu, angesichts einer solchen Drohung standhaft zu bleiben und nicht nachzugeben. Wer will schon für den Tod eines anderen verantwortlich sein? Diese Manipulation wirkt deshalb so häufig, weil man glaubt, man trage tatsächlich die Verantwortung dafür, ob sich ein anderer das Leben nimmt oder nicht. Man macht sich nicht klar, dass dies einzig und allein in der Hand dessen liegt, der diese Drohung ausstößt.

»Typisch Frau.« »Typisch Mann.«
Diese Äußerungen sollen Schuldgefühle wecken. Der andere

will Ihnen damit sagen, dass Sie ein Verhalten an den Tag legen, das wenig schmeichelhaft für Sie ist und für das Sie sich schämen sollten. Solche Worte zeugen von Vorurteilen gegenüber dem anderen Geschlecht: *»Typisch Mann. Nur das eine im Kopf.« »Typisch Frau. So kann nur eine Frau Auto fahren.«*

»Du verhältst dich wie deine Mutter ...«, »Du bist wie dein Vater ...«

Dieser Vorwurf soll Sie gefügig machen. Wenn Sie sich auf gar keinen Fall mit Ihrer Mutter oder Ihrem Vater vergleichen lassen wollen und das Verhalten Ihrer Mutter oder Ihres Vaters prinzipiell nicht gut finden, dann erfüllen Sie dem Manipulierer sofort seinen Wunsch. Sie lassen dabei völlig außer Acht, dass Sie sich durchaus ganz bewusst in manchen Situationen entscheiden können, sich wie Ihre Mutter oder wie Ihr Vater zu verhalten – weil es klug ist und in Ihrem Sinne.

Diese Äußerungen beinhalten fast alle den Vorwurf, egoistisch zu sein. Wir sollen nicht an unseren Vorteil denken. Wir sollen nett, rücksichtsvoll, anständig und uneigennützig sein, ganz nach dem Motto unserer Kindertage: Sei ein braver Junge, sei ein braves Mädchen. Warum aber verlangen andere das von uns? Weil wir tatsächlich unmoralisch handeln, wenn wir an uns denken, weil wir tatsächlich anderen schaden oder sie ausnutzen, weil wir tatsächlich zu viel verlangen oder unberechtigte Forderungen stellen? Nein. Es gibt meist nur einen einzigen Grund, warum andere uns zum Nachgeben und Zurückstecken auffordern: Sie wollen uns zu ihrem Vorteil und auf unsere Kosten ausnutzen.

Jeder Mensch ist egoistisch.
Die größten Egoisten sind jedoch jene,
die uns vorwerfen, wir seien egoistisch.

Machen wir uns nichts vor. Jeder Mensch versucht, für sich das Meiste und Beste herauszuholen. Jeder versucht, sich ein möglichst großes Stück vom Kuchen (Glück, Erfolg, Geld, Wohlbefinden usw.) abzuschneiden. Da dies alle versuchen, geraten wir immer wieder mit anderen in Konflikt, die das Gleiche wollen. Gelingt es nicht mit fairen Mitteln, das zu bekommen, was man will, oder hat man selbst nicht den Mut, sich das Stück vom Kuchen abzuschneiden, weil man unsicher ist, dann manipuliert man andere, damit diese es für einen tun. Dann greift man eben zu unfairen Mitteln und verteilt Schläge unter die Gürtellinie. In diesem Kampf bleiben die auf der Strecke, die es nicht verstehen, sich gegen die unfairen Mittel der anderen zu wehren.

Weitere Formen der Manipulation

So wie unsere Eltern nicht nur durch den Inhalt ihrer Worte erreicht haben, dass wir ihnen gehorchten, sondern auch durch bestimmte Verhaltensweisen, wie etwa abweisend sein, ignorieren oder einen strengen Blick, so lassen wir uns auch heute noch durch solche Drohgebärden einschüchtern. Einige sehr weit verbreitete sind:

Laut werden, toben, schreien
Diese Formen der Einschüchterung wirken dann, wenn wir sehr autoritäre Eltern hatten und nicht gelernt haben, mit solchen Verhaltensweisen umzugehen. Besonders Frauen haben da ihre Schwierigkeiten, da sie in der Regel den Männern körperlich unterlegen sind und Lautwerden und Toben ja nur einen kleinen Schritt von einem tatsächlichen körperlichen Angriff entfernt sind.

Nichts mehr sagen, eisiges Schweigen, nicht beachten
Nicht mehr mit dem anderen reden ist auch ein Versuch, einzuschüchtern und den anderen zum Einlenken zu bewegen.

Viele meiner weiblichen Klienten tun sich sehr schwer, damit umzugehen, da sie – in der Regel von ihrer Mutter – gelernt haben, in solchen Fällen einzulenken und nachzugeben. Ihnen ist es besonders wichtig, in Harmonie zu leben und eine entspannte Atmosphäre zu haben.

Weinen
Das ist eine Strategie, die vor allem Frauen einsetzen und die es so manchem Mann schwer machen soll, hart zu bleiben.

Wer sich durch andere missbraucht fühlt,
soll sein eigenes Denken und Verhalten überprüfen
und sich fragen, warum er den Missbrauch,
über den er sich beklagt, zugelassen hat.
Wer sich nicht selbst dafür verantwortlich macht,
wie er behandelt wird, wird auch weiterhin
machtlos dagegen sein.

Dr. Wayne Dyer

Was möchte ich mir merken?

1 ....

2 ....

3 ....

4 ....

5 ....

Teil III

In diesem Teil werden wir uns zunächst anschauen, wie sich unsicheres Verhalten in unserer Körpersprache niederschlägt und wie Sie sich alleine schon dadurch, dass Sie Ihre Körperhaltung, Ihre Mimik und andere körperliche Ausdrucksformen ändern, sicherer fühlen können. Dann werde ich Ihnen zeigen, wie Sie lernen können, auf andere Menschen zuzugehen, mit diesen zwanglose Gespräche führen und engeren Kontakt mit ihnen bekommen können.

In den weiteren Kapiteln stelle ich Ihnen wirkungsvolle Strategien vor, die Sie in die Lage versetzen, Wünsche zu äußern, Forderungen zu stellen, Nein zu sagen, Kritik zu äußern, aber auch mit der Kritik anderer umzugehen. Wenn Sie sich daran machen, diese Strategien einzusetzen, dann werden Sie an einen Punkt kommen, an dem viele Menschen scheitern. Sie werden auf heftigen Widerstand bei den Menschen stoßen, die Ihnen nahe stehen und gegenüber denen Sie selbstsicher auftreten. Ihre Mitmenschen sind es gewohnt, dass Sie nachgeben und zurückstecken. Sie müssen sich erst an Ihr neues Selbstbewusstsein gewöhnen, und dies kann zu Konflikten führen. Wie Sie damit umgehen können, erfahren Sie ebenso, wie ich Ihnen Antwort auf die Frage gebe, ob es in jeder Situation angebracht ist, sich durchzusetzen, oder ob es nicht manchmal klüger ist nachzugeben.

Ein eigenes Kapitel habe ich ganz den Leserinnen reserviert. Dies schien mir wichtig, da Frauen einige Selbstsicherheitsprobleme haben, die spezifisch für Frauen sind.

10
Selbstsicherheit und Körpersprache

Wenn man unsicher und schüchtern ist, dann drückt sich das meist auch in der Körperhaltung, der Stimme, der Mimik und Gestik sowie im Blickkontakt aus. Ich sage bewusst »meistens«, da es gute Schauspieler gibt, die sich und ihr Verhalten so unter Kontrolle haben, dass sie den Eindruck eines selbstsicheren Menschen machen, obwohl sie innerlich unsicher sind.

Schauen wir uns im Einzelnen an, wie sich unsicheres Verhalten auf unsere Körpersprache auswirken kann und wie Sie alleine durch den bewussten Einsatz Ihrer Körpersprache selbstsicher wirken können. Ziel ist, dass Sie sich Ihres Körperverhaltens bewusster werden und lernen, Ihren Körper bewusst als ein Ausdrucksmittel selbstsicheren Verhaltens einzusetzen.

Blickkontakt

Unsichere Menschen tun sich schwer, ihrem Gegenüber in die Augen zu schauen. Sie weichen dem Blick anderer aus, schauen (verlegen) auf den Boden oder tragen eine Sonnenbrille mit reflektierenden Gläsern, hinter der sie sich verstecken und ihre Umwelt ungeniert beobachten können.
Sie können auf andere alleine schon dadurch selbstsicherer wirken, dass Sie andere Menschen ganz bewusst anschauen und ihnen in die Augen schauen, wenn Sie sich mit ihnen unterhalten. Das mag Sie einige Überwindung kosten und Sie werden sich dabei ertappen, dass Sie immer wieder versucht sind wegzuschauen. Wenn Sie den Blickkontakt jedoch Tag

für Tag üben, werden Sie merken, dass es Ihnen mit der Zeit relativ leicht fällt, andere bei einer Unterhaltung anzuschauen.

Körperhaltung

Unsichere Menschen sind in ihrer Körperhaltung oft leicht nach vorne gebeugt und ihre Schultern hängen herunter. Dies signalisiert anderen Unterwürfigkeit und gibt einem selbst das Gefühl von Unterlegenheit.
Machen Sie gleich jetzt einmal folgende aufschlussreiche Übung: Stehen Sie auf und gehen Sie mit gesenktem Kopf und herunterhängenden Schultern durch den Raum und sagen Sie sich: *»Ich tauge nichts. Ich bin nicht so gut wie die anderen.«* Wie fühlen Sie sich? Und nun stellen Sie sich ganz gerade und aufrecht hin, Schultern zurück, Kopf hoch und Blick geradeaus. Laufen Sie wieder durch den Raum und sagen Sie sich: *»Ich bin wer. Ich bin ein wertvoller Mensch.«* Wie fühlen Sie sich jetzt? Wenn es Ihnen wie den meisten Menschen geht, dann fühlen Sie sich alleine durch die Veränderung Ihrer Körperhaltung und Ihrer Selbstgespräche schon ein ganzes Stück selbstsicherer. Also nutzen Sie unbedingt dieses Wissen. Indem Sie eine selbstsichere Körperhaltung einnehmen, fühlen Sie sich schon etwas sicherer und stärker.

Mimik

Ist Ihr Gesichtsausdruck leblos und starr oder haben Sie ein lebendiges Gesicht? Können Sie andere Menschen anlächeln? Haben Sie schon einmal erlebt, wie belohnend ein Lächeln sein kann, das Sie aussenden?

Stellen Sie sich vor den Spiegel und drücken Sie in Ihrer Mimik verschiedene Gefühlszustände aus. Spüren Sie, wie es sich anfühlt, wenn Sie leicht lächeln und wenn Sie ein breites Lächeln aufsetzen. Machen Sie einen ernsten, ängstlichen, überraschten, Mitleid erregenden, wütenden und traurigen Gesichtsausdruck. Spüren Sie, wie es sich anfühlt, das jeweilige Gefühl mit der Mimik auszudrücken.

Gestik
Unsichere Menschen wissen oftmals nicht, was sie mit ihren Händen anfangen sollen. Manche vergraben sie in den Hosentaschen, andere fuchteln wild damit in der Gegend herum. Manche umklammern ihren Brustkorb mit den Händen oder halten sich verkrampft an der Armlehne fest. Manche spielen nervös mit den Haaren oder einem Kuli, kratzen sich am Kopf. Gewöhnen Sie sich an, Ihre Arme ruhig nach unten hängen oder beim Sitzen locker auf den Oberschenkeln oder der Armlehne ruhen zu lassen.

Händedruck
Viele, nicht alle, unsichere Menschen haben einen laschen Händedruck. Wenn sie einem die Hand geben, hat man das Gefühl, einen Schwamm in den Händen zu halten.
Ein Ausdruck selbstsicheren Verhaltens ist auch, dass Sie sich einen festen Händedruck angewöhnen.

Stimme, Tonfall
Unsichere Menschen sprechen oft sehr leise, verwaschen und monoton oder sie sprechen schnell, verhaspeln sich, verschlucken Wortendungen.
Achten Sie deshalb darauf, dass Sie so laut und deutlich sprechen, dass man Ihren Worten auch Gehör schenkt. Auch das laute und deutliche Sprechen können Sie zu Hause für sich alleine üben.

Wenn Sie beginnen, Ihre Haltung zu verändern, wenn Sie anderen Menschen in die Augen schauen oder diese anlächeln, dann werden Sie am Anfang den Eindruck haben, Ihr neues Verhalten sei aufgesetzt und unnatürlich. Und damit haben Sie vollkommen Recht. Das ist es tatsächlich, aber nur so lange, bis es Ihnen zur Gewohnheit geworden ist, bis Sie es gewohnt sind, sich so zu verhalten.

Wenn man ein eingeschliffenes Verhalten durch ein neues Verhalten ersetzen will, dann hat man zunächst immer das Gefühl, man vergewaltige sich selbst, und man neigt dazu, zum alten Verhalten zurückzukehren, weil es einem natürlich und normal erscheint. Jedes Verhalten aber, das man sich angewöhnt hat, erscheint einem normal, gleichgültig, wie gesund oder schädlich es auch sein mag.

Wenn Sie lernen möchten, selbstsicherer aufzutreten, dann müssen Sie eine Zeit lang in Kauf nehmen, dass Ihnen Ihr neues Verhalten künstlich und aufgesetzt erscheint. Dieser Eindruck verschwindet in dem Moment, in dem das neue Verhalten zur Gewohnheit geworden ist.

Lassen Sie sich also von Ihrem Gefühl, die hier beschriebenen Verhaltensweisen seien aufgesetzt, nicht dazu verleiten, zu Ihrem alten Verhalten zurückzukehren.

Beim Blickkontakt, der Körperhaltung, der Mimik und der Gestik kommt es letztlich darauf an, dass diese Ausdrucksformen in Einklang mit Ihren Wünschen, Bedürfnissen und Zielen stehen. Wenn Sie eine berechtigte Forderung durchsetzen möchten, müssen Sie auch durch Ihre nonverbalen Signale deutlich machen, dass es Ihnen ernst ist. Wenn Sie sich unsicher verhalten und selbstsicher reden, dann ist Ihre Botschaft widersprüchlich und Sie laufen Gefahr, nicht ernst genommen zu werden, und kommen dann möglicherweise nicht zu Ihrem Recht. Die Körpersprache (Mimik, Gestik, Händedruck usw.) dient in erster Linie dazu, Ihre Worte zu unterstreichen, ihnen noch mehr Bedeutung zu geben.

Worauf Sie generell achten sollten, wenn Sie selbstsicher auftreten möchten

Die nun folgenden Punkte sind ganz allgemeiner Art und für jede Situation, in der Sie selbstsicher auftreten möchten, wichtig.

1. Sprechen Sie laut und deutlich.
2. Schauen Sie dem anderen in die Augen, halten Sie also Blickkontakt.
3. Stehen Sie aufrecht, Schultern zurück, Arme entspannt herunterhängend.
4. Äußern Sie Ihre Wünsche in der »Ich«-Form, z.B.: »Ich möchte ...«
5. Äußern Sie Ihre Wünsche direkt und ohne sich zu entschuldigen.
6. Führen Sie selbstsichere Selbstgespräche und unterbrechen Sie Ihre selbstunsicheren Selbstgespräche.
7. Denken Sie immer daran: Selbstsicher aufzutreten bedeutet nicht, immer der Sieger zu sein. Es bedeutet lediglich, seine Chancen zu vergrößern, das zu bekommen, was man möchte.
8. Belohnen Sie sich in Form anerkennender und lobender Worte, wenn Sie in einer Situation selbstsicher aufgetreten sind – gleichgültig, wie das Ergebnis aussieht.

Was möchte ich mir merken?

1 ....

2 ....

3 ....

4 ....

5 ....

11 Kontakt zu anderen aufnehmen und Gespräche führen

Die nachfolgenden Übungen sind das Fundament, auf dem alle weiteren Übungen in den nächsten Kapiteln aufbauen. Ziel dieser Übungen ist, dass Sie lernen, mit anderen Menschen Kontakt aufzunehmen, und dass Sie sich zwanglos und locker mit ihnen unterhalten können. Da diese Übungen aufeinander aufbauen, ist es sehr wichtig, dass Sie keine von ihnen überspringen.

Wenn Sie Hemmungen haben, die eine oder andere Übung durchzuführen, dann überprüfen Sie Ihre Selbstgespräche, mit denen Sie sich schüchtern und unsicher machen. Achten Sie darauf, was Sie sich sagen, machen Sie ein ABC, wenden Sie auf Ihre Gedanken die beiden Regeln für selbstsicheres Denken an und ersetzen Sie Ihre ängstlichen Gedanken durch selbstsichere. Trainieren Sie Ihre selbstbewussten Gedanken zunächst mehrmals in der Vorstellung, so wie in Kapitel 7 beschrieben. Wenn Sie bei einer Übung große Schwierigkeiten haben, dann bewältigen Sie sie zuerst so lange in der Vorstellung, bis Sie weniger Angst haben, sich in die Situation zu begeben. Statt sich auszumalen, was alles an Schlimmem passieren könnte, malen Sie sich aus, wie Sie die Übung selbstsicher meistern.

Selbstsichere Sprache

Wenn Sie sich mit anderen Menschen unterhalten, dann sollten Sie nicht nur auf Ihre Körpersprache (Mimik, Gestik,

Körperhaltung usw.) achten, sondern auch darauf, welche Worte Sie wählen. Unsichere Menschen kann man meist an der Art erkennen, wie sie sprechen. Sie gebrauchen bestimmte unsichere Redewendungen, die sie entlarven. Beispiele für solche Redewendungen und Vorschläge, wie Sie es besser machen können, finden Sie auf den folgenden Seiten.

»Entschuldigung, könnten Sie mir ...«
Sie entschuldigen sich für eine Bitte oder etwas Selbstverständliches. Sagen Sie stattdessen direkt, was Sie möchten: *»Guten Tag. Ich möchte ...«*

»Ich finde, man könnte ...«
Sie sind sich Ihrer Sache nicht sicher, sind nicht von Ihrem Vorschlag überzeugt. Sagen Sie stattdessen: *»Ich möchte ...«*

»Das ist nicht der Rede wert.«
Jemand bedankt sich bei Ihnen oder macht Ihnen ein Kompliment und Sie spielen es herunter. Selbstsichere Menschen nehmen ein Lob oder ein Kompliment dankend an: *»Danke, sehr nett, das freut mich.«*

»Mein Mann meint auch, ...«
Sie verschanzen sich mit Ihrer Meinung hinter einem anderen. Das zeugt von einem schwachen Rückgrat. Sagen Sie: *»Ich meine ...«*

»Ich habe es getan, weil ...«
Sie verteidigen und rechtfertigen Ihr Verhalten. Ist das wirklich notwendig oder wollen Sie damit nur erreichen, dass der andere Ihre Entscheidung billigt?

»So habe ich das nicht gemeint. Ich wollte sagen ...«
Ihr Gegenüber missbilligt eine Äußerung von Ihnen. Sofort nehmen Sie Ihre Worte zurück und versuchen, auf seine Linie

einzuschwenken. Bleiben Sie bei Ihrem Standpunkt. Sie haben ein Recht auf Ihre Meinung.

»Man könnte ...«
Sie verstecken Ihre Meinung oder Ihren Wunsch hinter einer ominösen Allgemeinheit, die Sie mit »man« umschreiben. Bringen Sie zum Ausdruck, dass *Sie* etwas möchten oder nicht möchten.

»Eigentlich würde ich ...«
Das Wort »eigentlich« ist überflüssig. Sie beziehen nicht klar Stellung und sagen quasi, dass Sie ein bisschen schwanger sind. Legen Sie sich fest und sagen Sie eindeutig Ihre Meinung.

»Das ist mir egal.«
Sie drücken sich möglicherweise vor der Verantwortung, eine Entscheidung zu treffen, die auf Kritik stoßen oder die negative Konsequenzen haben könnte. Indem Sie andere für sich entscheiden lassen, ziehen Sie zwangsläufig oft den Kürzeren, da Ihre Bedürfnisse nicht befriedigt werden. Sagen Sie: *»Ich möchte ...«* – auch wenn Sie Angst haben.

Vorbereitende Übungen für die Kontaktaufnahme

1. Übung

Üben Sie, freundlich zu lächeln. Stellen Sie sich vor den Spiegel und lächeln Sie. Versuchen Sie, Ihr Lächeln zu variieren, angefangen von einem ganz leichten bis hin zu einem richtig breiten Lächeln. Beobachten Sie, wie es sich anfühlt, wenn Sie leicht und wenn Sie sehr stark lächeln. Machen Sie diese Übung so oft und so lange, bis Sie auswendig wissen, wie Sie aussehen und wie es sich anfühlt, wenn Sie leicht lächeln und wenn Sie stark lächeln.

Ziel dieser Übung ist, dass Sie das Lächeln in jeder Situation gezielt einsetzen können, als Eintrittskarte für ein Gespräch, das Sie beginnen möchten, oder einfach als freundliche und unverbindliche Geste, durch die Sie sich besser fühlen und die auch andere erfreut.

2. Übung

Üben Sie einen ganzen Tag lang, die Menschen, mit denen Sie sich unterhalten, anzuschauen. Am nächsten Tag achten Sie ganz bewusst darauf, dass Sie aufrecht gehen. Am übernächsten Tag achten Sie wieder auf den Blickkontakt usw.

Im Alltagstrubel werden Sie sich immer wieder dabei ertappen, dass Sie ganz vergessen haben, auf Ihre Körperhaltung oder den Blickkontakt zu achten. Das ist normal. Deshalb genügt es nicht, diese Verhaltensweisen nur zwei Tage lang zu üben. Nehmen Sie sich ein oder zwei Wochen, oder wie lange Sie auch brauchen, Zeit, um dieses Verhalten einzustudieren.

Ziel dieser Übungen ist, dass Sie Ihr Auftreten verbessern und anderen durch Ihr Verhalten signalisieren, dass Sie ein selbstsicherer Mensch sind, auch wenn Sie sich noch nicht (!) selbstsicher fühlen. Wenn Sie diese Fertigkeiten beherrschen, dann gehen Sie zur nächsten Übung.

Übungen zur Kontaktaufnahme

3. Übung

Sagen Sie mit einem Lächeln *»Guten Tag«* zu **allen** Menschen, die Sie, wenn auch nur flüchtig, kennen und denen Sie jeden Tag begegnen (Bäcker, Zeitungsmann, Nachbar, Arbeitskollege usw.). *»Die grüßen mich doch auch nicht«,* sagen meine Klienten manchmal. Ich sage dann: »Vielleicht liegt es daran, dass Sie sie nicht grüßen. Warum machen Sie nicht den Anfang?« Machen Sie diese Übung so lange, bis es Sie keine Überwindung mehr kostet, andere zu grüßen und diesen zuzulächeln. Ziel dieser Übung ist, dass Sie unbefangen und mit einem guten Gefühl mit anderen den Kontakt aufnehmen können. Ziel ist es nicht, von anderen eine Reaktion zu bekommen.

4. Übung

Beginnen Sie ein kurzes (!) Gespräch mit jemandem, den Sie flüchtig kennen, etwa dem Zeitungsverkäufer am Kiosk, der Bäckersfrau, dem Zugschaffner usw. Sie können so einen kleinen Satz sagen wie: *»Das ist wieder ein Sauwetter heute. Da möchte man am liebsten zu Hause bleiben.«* oder *»Ist das nicht ein toller Tag heute?«* Sie können auch eine Bemerkung zu einem Tagesgeschehen machen oder hierzu eine Frage stellen, etwa: *»Haben Sie von dem Überfall gehört, der auf die Sparkasse verübt wurde?«* Verabschieden Sie sich mit einem freundlichen *»Tschüss«* oder *»Auf Wiedersehen«* oder *»Bis morgen«*.
Üben Sie dieses Kurze-Gespräche-Führen so lange, bis es Ihnen in Fleisch und Blut übergegangen ist und Sie sich dabei wohl fühlen.
Ziel dieser Übung ist, dass Sie mit einem guten Gefühl einen ersten flüchtigen Kontakt zu anderen herstellen können. Wenn Sie dieses Ziel erreicht haben, dann gehen Sie zur nächsten Übung.

5. Übung

Üben Sie nun, ein kurzes Gespräch mit jemandem zu führen, den Sie nicht (!) kennen, der Ihnen also vollkommen fremd ist. Sie können jemanden ansprechen, der vor oder hinter Ihnen in einer Schlange an der Kasse oder in der Kantine steht, mit dem Sie auf den Bus warten, der wie Sie am Tresen sitzt, usw. Lächeln Sie den Betreffenden an und machen Sie eine kurze Bemerkung. Steigt der andere darauf ein, wunderbar, wenn nicht, dann war's das. Sie sollten sich nicht zwingen, jetzt ein Gespräch führen zu müssen. Sie können auch eine Frage stellen wie: *»Können Sie mir sagen, wie viel Uhr es ist?«* oder *»Sie haben da dieses Geschirrspülmittel in Ihrem Einkaufswagen. Sind Sie damit zufrieden?«* oder *»Sind Sie häufiger in diesem Lokal?«*

Ziel der Übung ist, dass Sie ohne Anspannung mit jedermann, der Ihnen begegnet und mit dem Sie Kontakt haben möchten, einfach so ein paar Worte von Mensch zu Mensch wechseln können. Ziel ist, dass es für Sie eine natürliche und selbstverständliche Sache wird, auch mit wildfremden Menschen Kontakt aufnehmen zu können. Beachten Sie: Ich sagte lediglich »Kontakt aufnehmen«. Wie es dann weitergeht, darauf kommen wir noch zu sprechen. Im Moment geht es nur darum, dass Sie die Angst davor, mit Ihren Mitmenschen Kontakt aufzunehmen, verlieren.

Was Sie bei Kontaktaufnahmen beachten sollten

Wenn Sie jemanden ansprechen, dann beginnen Sie nicht mit dem Wort *»Entschuldigung«*. Streichen Sie dieses Wort in diesem Zusammenhang am besten aus Ihrem Wortschatz. Es ist völlig überflüssig bei der Kontaktaufnahme. Wofür wollen Sie sich entschuldigen? Ist es etwas Unanständiges, mit jemandem ein Gespräch zu beginnen? Das ist nur eine dumme Floskel, die Sie sich angewöhnt haben, die aber völlig unangebracht ist. Es reicht vollkommen, wenn Sie freundlich und mit einem Lächeln *»Guten Tag«* sagen und dann, wenn der andere mit Ihnen Blickkontakt aufnimmt, Ihren Wunsch äußern.

»Aber ich störe doch einen anderen, wenn ich ihn einfach so anspreche. Ich halte ihn doch auf, vielleicht ist ihm das unangenehm.« Vielleicht, aber lassen Sie das doch den anderen entscheiden. Wenn es ihm tatsächlich nicht passt oder er sich

gestört fühlt, dann wird er Ihnen das sagen oder zeigen. So wie Sie das Recht haben, ihn anzusprechen, hat er das Recht, Ihnen zu sagen, dass er sich nicht mit Ihnen unterhalten möchte. Es ist die normalste und natürlichste Sache der Welt, andere Menschen anzusprechen. Wenn es das für Sie nicht ist und Sie Hemmungen haben, dann sollten Sie es so lange üben, bis es für Sie normal ist.

6. Übung

Fragen Sie Passanten nach einem Platz oder einer Straße. Gehen Sie auf den Passanten zu, schauen Sie ihm in die Augen, lächeln Sie, sagen Sie *»Guten Tag«* und stellen Sie dann Ihre Frage. Wenn der Passant Ihnen geantwortet hat, dann fragen Sie noch einmal nach: *»Habe ich das richtig verstanden? Ich muss jetzt …«* Suchen Sie sich aber nicht nur Leute aus, bei denen es Ihnen ganz leicht fällt. Sie betrügen sich selbst, wenn Sie es sich zu leicht machen. Machen Sie die Übung so häufig, bis sie Ihnen keine Schwierigkeiten mehr bereitet. Ziel dieser Übung ist, andere um etwas ganz Alltägliches und Normales zu bitten.

7. Übung

Gehen Sie in ein Geschäft, in dem man Sie nicht kennt, und bitten Sie die Kassiererin »Guten Tag«-sagend und freundlich lächelnd: *»Würden Sie mir bitte diesen Zehn-Euro-Schein in Münzen wechseln?«* Gebrauchen Sie genau diesen Wortlaut! Vielerorts wird man Ihrer Bitte nicht nachkommen und Sie mit Bemerkungen wie »Wir sind hier keine Wechselstube« wieder wegschicken. Bedanken Sie sich trotzdem. Machen Sie diese Übung so oft, bis es Ihnen nichts mehr ausmacht, dass man Ihre Bitte abschlägt.

Ziel dieser Übung ist, dass Sie andere mit einem guten Gefühl und mit dem Bewusstsein *»Ich habe das Recht dazu«* um etwas bitten und auch mit einem guten Gefühl auf eine abschlägige Antwort reagieren können.

In meiner Studentenzeit hatten einige Kommilitonen mit mir eine Selbstsicherheitstrainingsgruppe gegründet, in der wir auch solche Übungen machten, wie ich sie Ihnen gerade vorgeschlagen habe und noch vorschlagen werde. Ich kann mich noch sehr gut erinnern, wie schwer mir einige dieser Übungen fielen und wie viel Überwindung es mich gekostet hat, sie zu machen. Auch weiß ich noch ganz genau, wie steif und unbeholfen ich damals auf Menschen zuging und wie gekünstelt mir diese ganzen Übungen vorkamen. Heute ist es für mich ganz normal und selbstverständlich, andere Menschen ohne das Wort »Entschuldigung« anzusprechen. Damals kam ich mir fast wie ein Verbrecher vor.

Ich sage Ihnen das, weil ich weiß, wie Ihnen bei dem Gedanken an diese Übungen zu Mute sein muss. Wenn Sie jedoch das Ziel haben, selbstsicherer aufzutreten, dann müssen Sie sich überwinden und tun, wovor Sie Angst haben. Es gibt keinen anderen Weg zu mehr Durchsetzungsvermögen. Sie müssen mit Ihrer Angst und Unsicherheit das tun, worin Sie selbstsicher werden möchten.

8. Übung

Gehen Sie langsam (!) auf dem Gehweg, ohne entgegenkommenden Menschen auszuweichen. Schauen Sie den Entgegenkommenden kurz in die Augen und vergewissern Sie sich, dass diese Sie gesehen haben, und gehen Sie unbeirrt weiter. Lächeln Sie die Entgegenkommenden nicht an! Die könnten dies in dieser Situation falsch verstehen und nicht ausweichen. Bleiben Sie nicht stehen. Sie werden die Erfahrung machen, dass 99,9% aller Menschen Ihnen ausweichen. Machen Sie diese Übung so oft, bis es für Sie ganz normal ist, Ihres Weges zu gehen.

Ziel dieser Übung ist, sich bestimmt durchzusetzen. Ja, ich weiß, was manch einer nun vielleicht denkt: *»Das ist doch Manipulation, das ist doch rücksichtslos, das ist unsozial.«* Mag sein, aber haben Sie nicht das gleiche Recht, Ihres Weges zu gehen, wie der andere? Wo steht geschrieben, dass Sie derjenige sein müssen, der ausweicht? Wenn Sie mit einem

Entgegenkommenden zusammenstoßen, dann doch nur deshalb, weil auch er von seinem Recht Gebrauch gemacht hat, selbstsicher und unbeirrt seines Weges zu gehen. Dafür müssen Sie sich dann doch nicht schuldig fühlen.

Das heißt nun nicht, dass Sie um jeden Preis und immer andere zwingen sollen, Ihnen auszuweichen. Aber Sie sind sich von nun an darüber im Klaren, dass Sie genauso das Recht haben, nicht auszuweichen, wie der andere.

Diese Übungen sind das Fundament, auf dem alle weiteren selbstsicheren Fertigkeiten aufbauen. Gehen Sie deshalb nicht zu den nachfolgenden Übungen und Fertigkeiten über, ehe Sie diese vollkommen sicher beherrschen. Bei den nachfolgenden Fertigkeiten handelt es sich um allgemeine und in jeder Gesprächssituation anwendbare Fertigkeiten. Sie sollen Ihnen helfen, sich mit anderen so unterhalten zu können, dass Sie und der andere sich wohl fühlen.

Was sagen Sie, nachdem Sie »Guten Tag« gesagt haben?

Nehmen wir an, Sie sind auf Grund der vorangegangenen Übungen in der Lage, einen ersten Kontakt zu wildfremden Menschen herzustellen, indem Sie diese freundlich grüßen und ihnen gegenüber eine kurze Bemerkung machen können. Wie geht es nun weiter? Wie hält man ein Gespräch im Gange, wie kann aus der flüchtigen Begegnung mehr werden? Damit wollen wir uns nun beschäftigen. Ein selbstsicherer Mensch, der Gespräche beginnen und fortführen kann, ist nicht unbedingt ein brillanter Redner oder Entertainer. Er besitzt lediglich einige Qualitäten, die sich jeder von uns aneignen kann:

1. Er hat ein echtes Interesse am anderen.
2. Er kann über seine Gefühle, Anschauungen und Interessen sprechen.

Sie haben »*Guten Tag*« gesagt, wie soll es nun weitergehen? Nun, Sie könnten sich wie die Engländer über das Wetter unterhalten. Das wäre dann Small Talk. Darunter versteht man ein unverbindliches Gespräch, mit dem man sich die Zeit vertreibt; nichts Tiefgründiges oder Hochgeistiges. Einfach nur Blabla. Das ist keineswegs so negativ gemeint, wie es klingt.

Viele unsichere Menschen sagen mir: »*Ich kann mich doch nicht über so was Banales wie das Wetter unterhalten.*« Warum eigentlich nicht? Liegt es vielleicht daran, dass Sie einen zu hohen Anspruch haben und denken, Sie müssten sich über etwas Außergewöhnliches oder Hochgeistiges unterhalten? Und schweigen Sie lieber, weil sich so viel Außergewöhnliches auch wieder nicht ereignet?

Kommen Sie auf die Erde zurück. Hören Sie einmal mit, worüber sich Menschen unterhalten. Die Gespräche kreisen oft um Tagesereignisse oder familiäre Belange. Da ist die Rede vom Wetter, von politischen, wirtschaftlichen und sportlichen Ereignissen, von aktuellen Kinofilmen und dem Fernsehprogramm. Ein Großteil der Menschen unterhält sich tagtäglich über diese Themen. Warum nicht auch Sie?

»*Aber ich interessiere mich doch nicht für Politik und Kultur.*« Dann fangen Sie an, sich dafür zu interessieren, oder hören Sie auf, von sich zu verlangen, über Außergewöhnliches berichten zu müssen.

Wenn Sie sich nicht über diese Themen unterhalten möchten oder können, dann bleibt Ihnen immer noch die Möglichkeit, sich für Ihr Gegenüber zu interessieren.

Ein einfacher Weg, Interesse für den anderen zu zeigen, ist, Fragen zu stellen. Veranlassen Sie andere, über sich zu sprechen, indem Sie ihnen Fragen stellen: *»Erzählen Sie mir mehr darüber«, »Was machen Sie beruflich?«, »Wie gefällt Ihnen Ihre Arbeit?«*

Stellen Sie sich vor, Sie wären Sherlock Holmes und wollten über den anderen Nachforschungen anstellen. Finden Sie heraus, was er beruflich tut, woher er kommt, welche Hobbys er hat, was er zu tun beabsichtigt usw.
Hören Sie genau zu, was er sagt. Aus seinen Antworten können Sie weitere Fragen ableiten.

Machen Sie sich die 6 Ws zu Nutze:
Wer, was, wann, wo, wie, warum?
Wer war dabei? Was ist passiert? Wann ist es passiert? Wo ist es passiert? Wie ist es passiert? Warum ist es passiert? Diese 6 Ws lassen sich auf fast alle Aussagen anwenden, die Ihr Gegenüber macht. Solche Fragen nennt man **offene** Fragen. Darunter versteht man Fragen, auf die ein anderer nicht nur mit einem Ja oder Nein antworten kann. Er muss ein paar Worte dazu sagen. Offene Fragen sind die besten Fragen, da sie unseren Gesprächspartner anregen, mehr von sich zu erzählen. Bei geschlossenen Fragen, Fragen also, bei denen unser Gegenüber nur mit Ja oder Nein antworten kann, ist ein Gespräch sehr einsilbig und schnell an einem toten Punkt.

Wenn Sie das Gespräch jedoch nur mit offenen Fragen bestreiten, dann wird es mehr Ähnlichkeit mit einem Verhör als mit einem Gespräch haben. Damit daraus ein lebendiges und auch für den anderen interessantes Gespräch wird, müssen Sie auch etwas von sich preisgeben. Das heißt, Sie müssen dem anderen etwas über Ihren Geschmack, Ihre Standpunkte und Ansichten, Ihren Lebensstil, Ihre Gewohnheiten, kurzum, etwas über Ihre Person mitteilen. Sie müssen sich öffnen und dem anderen Gelegenheit geben, Sie kennen zu lernen.

Dies können Sie natürlich nur dann angstfrei tun, wenn Sie sich Ihrer sicher sind, d.h., wenn Sie über genügend Selbstvertrauen verfügen, um sagen zu können: *»So bin ich und es ist mein Recht, so zu sein. Ich brauche mich nicht für mich und meine Ansichten zu schämen.«* Sie müssen in der Lage sein, Fehler und Schwächen von sich als einen natürlichen Bestandteil Ihrer Person anzusehen. Wenn Sie sich für Fehler und Schwächen verurteilen, dann haben Sie Angst, andere könnten Sie für die eine oder andere Ansicht kritisieren, und dann haben Sie Hemmungen, sich zu offenbaren.

Um andere an sich teilhaben zu lassen, müssen Sie sich aber auch für interessant und wichtig genug halten, dass ein anderer an Ihnen interessiert sein könnte. Wenn Sie von sich gering denken *»Ich habe nichts zu erzählen, was interessant ist. Ich bin nichts Besonderes«*, dann tun Sie sich natürlich schwer, etwas zu finden, was Sie dem anderen über sich erzählen könnten. So wie Sie vermutlich das Meiste, was Sie machen, für selbstverständlich und nicht der Rede wert halten, so denken Sie auch von sich: *»Ich bin nicht der Rede wert. Wer will schon mit mir zusammensein?«* Warum lassen Sie andere nicht ihre Meinung bilden? Lassen Sie andere beurteilen, ob Sie in deren Augen etwas zu bieten haben. Wer und was Sie sind, das müssen Sie selbst entscheiden.

Zwei Einwände meiner Klienten gegen diese Gesprächstechniken

»Ein solches Gespräch ist doch unheimlich gekünstelt. Entweder ergibt sich ein Gespräch oder nicht. So etwas muss spontan sein, sonst ist es doch nicht echt.«

Sie haben Recht. Wenn Sie meine Vorschläge beherzigen, dann werden Ihnen die ersten Gespräche sehr gekünstelt vorkommen. Da ist dann nichts von Spontaneität zu spüren. Aber das ist doch ganz normal. Schließlich sind Sie es nicht gewohnt, locker und entspannt mit Fremden Gespräche zu führen. Spontan können sich solche Gespräche nur ergeben, wenn Sie über genügend Selbstvertrauen und Übung im Gesprächeführen verfügen. Dann sind Ihnen diese Gesprächstechniken in Fleisch und Blut übergegangen und ein Teil von Ihnen geworden. Dann haben Sie auch nicht mehr das Gefühl, sie seien aufgesetzt oder gekünstelt. Die Devise heißt also: üben, üben …

»Vor lauter Anspannung fällt mir im Gespräch nichts ein.« Auch in meinem Leben gab es eine Zeit, in der ich mich bei Gesprächen immer unheimlich angespannt und verkrampft fühlte. Ich war so mit mir und damit, was ich erzählen könnte, beschäftigt, dass ich mich nicht auf das konzentrieren konnte, was mein Gegenüber sagte. Ich hatte panische Angst davor, es könnte eine Gesprächspause eintreten oder mir würde nichts einfallen, um das Gespräch fortzuführen.

Mein Angespanntsein war die Folge davon, dass ich meinte, nur ich sei für das Gespräch verantwortlich. Ich meinte, mein Gegenüber würde mich für einen schlechten Gesprächspartner halten und würde deshalb nicht mehr mit mir zusammen sein wollen, wenn es mir nicht gelänge, das Gespräch am Leben zu erhalten.

Heute habe ich dieses Problem nicht mehr, da ich die Verantwortung teile. Ich habe mir klar gemacht, dass der andere genauso viel Verantwortung für unsere Unterhaltung hat wie ich. Ich habe jedoch auch so viel Selbstvertrauen, dass ich weiß, mein Wert als Gesprächspartner und Mensch hängt nicht davon ab, wie viel ich sage. Dadurch ist es mir möglich, mich auf den anderen und seine Worte zu konzentrieren. Ich kann entspannt sein und bin so aufnahmebereit für meine Umgebung. Nur wenn man sich ängstlich mit sich und damit, wie man auf den anderen wirkt, beschäftigt – so wie das schüchterne Menschen eben tun –, hat man keine Augen und Ohren für den anderen und kann so auch nicht an Themen anknüpfen, die der andere anspricht.

Wenn auch Sie dieses Problem haben, dann machen Sie sich klar: »*Ich bin für das Gespräch nicht alleine verantwortlich. Gesprächspausen sind völlig normal. Ich brauche mich dafür nicht zu schämen. Ich bin nicht umso wertvoller, je mehr ich sage. Ich bin, auch ohne dass ich große Worte mache, ein liebenswerter und interessanter Mensch.*«

Viele weitere Strategien, wie Sie ein Gespräch anknüpfen und sich ungezwungen unterhalten können, finden Sie in dem Ratgeber »Nur Mut zum ersten Schritt« von Doris Wolf und Alan Garner.

Was möchte ich mir merken?

1 ....

2 ....

3 ....

4 ....

5 ....

Wenn du Ja sagst,
weil du dich nicht getraust, Nein zu sagen,
dann ist das eine Einladung an andere,
dich auszunutzen.

12 Wünsche äußern, Forderungen stellen, Nein sagen und Kritik äußern

Bei den Übungen aus dem vorangegangenen Kapitel haben Sie bereits geübt, auf andere Menschen zuzugehen, diese anzusprechen und ein Gespräch mit ihnen zu führen. Nun wollen wir uns anschauen, wie Sie sich in alltäglichen Situationen verhalten können, in denen ein selbstsicheres Auftreten Voraussetzung ist, um zu Ihrem Recht zu kommen.

Wenn es Ihnen schwer fällt, Nein zu sagen oder Forderungen zu stellen, dann genügt es nicht, wenn Sie die folgenden Beispiele lediglich durchlesen. Ihr altes selbstunsicheres Denk- und Verhaltensprogramm ist so eingefahren, dass Sie sich nur anders verhalten können, wenn Sie Ihr neues Verhalten üben. Machen Sie deshalb von den Vorstellungsübungen Gebrauch, die ich Ihnen in Kapitel 7 vorgestellt habe. Gehen Sie wie nach einem Drehbuch vor. In einem Drehbuch stehen nicht nur die Dialoge für die Schauspieler. Darin steht auch, wie diese vorgebracht werden sollen (laut, leise, ruhig, erregt usw.). Wie ein Schauspieler müssen Sie sich Ihre selbstsicheren Selbstgespräche einprägen, bis sie Ihnen in Fleisch und Blut übergegangen sind. Sie müssen Redewendungen und Sätze, die Sie anderen gegenüber gebrauchen wollen, regelrecht einstudieren.

»Ich bin doch kein Schauspieler, der so tut, als sei er jemand anderes. Ich will nicht die Rolle von jemandem spielen, der ich nicht bin.« Dieses Argument äußern die Teilnehmer von Selbstsicherheitstrainings häufig. Darauf möchte ich Ihnen Folgendes antworten: Ein guter Schauspieler spielt nicht die Rolle eines anderen. Er ist der andere. Er ist Hamlet oder eine andere Person, und zwar einfach nur dadurch, dass er sich in den anderen hineinversetzt und nachzuempfinden versucht, wie es der Figur in diesem Stück zu Mute sein muss. Er wiederholt die Worte immer und immer wieder, zunächst alleine und dann vor Publikum, und schließlich denkt, fühlt und handelt er tatsächlich so wie Hamlet. Wenn man lange und oft genug eine Rolle gespielt hat, dann ist man die Rolle. Aufgesetzt ist ein Verhalten nur so lange, wie es einem noch nicht in Fleisch und Blut übergegangen ist. Je öfter Sie gewisse Redewendungen gebrauchen, desto natürlicher werden sie Ihnen vorkommen und desto weniger werden Sie das Gefühl haben, Sie geben sich als jemand aus, der Sie nicht sind. Manche der Dialoge mögen etwas steif und künstlich klingen. Das liegt zum einen daran, dass Sie ganz anders reagieren würden, zum anderen aber auch daran, dass die Sätze dieser Dialoge ziemlich knapp und prägnant sind. Dies ist jedoch bewusst so. Ein Kennzeichen unsicheren Verhaltens ist nämlich, dass man weitschweifige Kommentare abgibt und mit vielen Worten sagt, was man auch in wenigen sagen könnte. Gewöhnen Sie sich an, kurz und prägnant zu sprechen, wenn Sie selbstsicher auftreten wollen.

Im Alltag gibt es eine Menge Situationen, in denen es wichtig ist, dass wir in der Lage sind, Wünsche zu äußern und Forderungen zu stellen. Tun wir das nicht oder sind wir hierzu nicht in der Lage, dann ziehen wir leicht den Kürzeren und haben das Nachsehen.

Es gibt eine sehr einfache und leicht zu erlernende Gesprächstechnik, »Die Schallplatte-mit-Sprung-Methode«, die Ihnen große Dienste leisten kann, wenn Sie gegenüber anderen berechtigte Bedürfnisse und Wünsche durchsetzen möchten, die diese Ihnen streitig machen wollen. Diese Technik ist äußerst nützlich, um sich auch dort durchzusetzen, wo man befürchtet, anderen unterlegen zu sein, weil diese besser argumentieren können.

Die »Schallplatte-mit-Sprung-Methode«

Warum meinen Sie, sind die anderen meist Sieger in Gesprächen, in denen Sie berechtigte Wünsche und Forderungen vorbringen? Warum kommen Sie in der Autowerkstatt nicht zu Ihrem Recht? Warum gelingt es Ihnen nicht, ein Kleid umzutauschen, das, wie Sie zu Hause feststellen, einen Fleck hat? Abgesehen von unsicheren Gedanken, mit denen Sie sich in Angst versetzen, von Ihrem Recht Gebrauch zu machen, gibt es noch einen weiteren Grund: Sie geben zu früh auf. Wenn Ihnen der andere nicht beim ersten Anlauf Ihren Wunsch erfüllt, dann resignieren Sie und denken sich vielleicht: »*Was soll's. Kann man nichts machen. Ich komm' gegen ihn nicht an.*« Sie sind dann zwar verärgert, aber Sie halten den anderen für stärker bzw. können sich nicht so recht gegen seine Argumente wehren und verlassen das Feld als Verlierer.

Wenn Sie zu Ihrem Recht kommen möchten, dann müssen Sie hartnäckig bleiben. Wenn Ihr Gegenüber dreimal Nein gesagt hat, dann müssen Sie eins draufsetzen und zum vierten Mal sagen: »*Ich will mein Recht.*« Und sagt der andere zum zehnten Mal Nein, dann müssen Sie eben zum elften Mal sagen: »*Ich will mein Recht.*« Dieses Spiel – und es kann durchaus ein Spiel werden, bei dem Sie einen sportlichen Ehrgeiz entwickeln können, wer von Ihnen beiden der Stärkere ist – müssen Sie so lange fortführen, bis sich der andere geschlagen gibt oder Sie beide einen Kompromiss ausgehandelt haben, der für Sie akzeptabel ist.

Verkäufer werden in speziellen Verkaufsschulungen darauf getrimmt, im Interesse der Firma zu handeln, sprich: möglichst viel zu verkaufen. Im Interesse der Firma ist es natürlich auch, dass die Kosten gering gehalten werden. Also lautet die Parole, die an die Angestellten ausgegeben wird: Nicht nachgeben. Forderungen erst einmal abwimmeln. Jeder versucht eben, möglichst viel für sich herauszuholen. Deshalb ist es enorm wichtig, stur sein zu können und keinen Millimeter von seinen Forderungen abzuweichen.

Hierbei kann Ihnen die »Schallplatte-mit-Sprung-Methode« des Amerikaners Dr. Zev Wanderer wertvolle Dienste leisten. Sie ist simpel, aber äußerst wirkungsvoll. **Sie besteht darin, dass Sie stur und unabhängig von den Argumenten des Verkäufers Ihren Wunsch auf Umtausch wiederholen. Sie gehen also nicht auf die Argumente des Verkäufers ein, sondern sagen immer wieder – mit einigen Variationen –, was Sie möchten.**

Wenn Sie sich auf eine Diskussion einlassen, wenn Sie versuchen, die Argumente des Verkäufers zu entkräften, wenn Sie versuchen, Ihren Wunsch zu rechtfertigen, dann hat der andere möglicherweise leichtes Spiel mit Ihnen, wenn er rhetorisch gewandter ist. Außerdem müssen Sie bedenken, dass Sie nicht der erste Kunde sind, der reklamiert. Der Verkäufer hat also schon einige Erfahrung im Abwimmeln von Reklamationen. Er ist darin geübt und hat entsprechende Argumente auf Lager, um Sie einzuschüchtern und zum Aufgeben zu bewegen. Deshalb bringt es oft nichts, sich auf eine Diskussion einzulassen. Das Beste ist dann, wie eine Schallplatte zu sprechen, die einen Sprung hat. Lassen Sie uns ein Beispiel anschauen, wie das aussehen könnte.

Frank hat sich ein Paar Schuhe gekauft. Nach einmaligem Tragen löst sich die Sohle ab. Er geht in das Geschäft, um die Schuhe gegen ein Paar neue umzutauschen bzw. um sein Geld erstattet zu bekommen.

Frank: Guten Tag. Ich habe bei Ihnen letzte Woche dieses Paar Schuhe gekauft. Bereits nach einmaligem Tragen löst sich die Sohle ab. Ich möchte die Schuhe gegen ein Paar neue umtauschen oder mein Geld zurück.

Verkäuferin: Sie sind der Erste, dem so etwas passiert. Bei dieser Marke haben wir noch nie Reklamationen bekommen. Was haben Sie denn damit gemacht? (Mit dieser Bemerkung, die gerne von Verkäufern verwendet wird, will die Angestellte Frank manipulieren. Sie will andeuten, dass es wohl seine Schuld sein muss, wenn sich die Sohle ablöst. Frank geht auf diese Frage nicht ein, da sie eine böswillige Unterstellung beinhaltet.)

Frank: Nun, dann bin ich der Erste, dem so etwas passiert. Trotzdem möchte ich die Schuhe umtauschen oder mein Geld zurück.

Verkäuferin: Das können wir nicht. Wir müssen die Schuhe erst an den Hersteller einsenden.

Frank: Der Hersteller interessiert mich nicht. Ich habe diese Schuhe bei Ihnen gekauft und ich möchte sie bei Ihnen umtauschen oder mein Geld von Ihnen zurück.

Verkäuferin: Das ist bei uns nicht üblich. Wir können Ihnen gerne die Sohle wieder ankleben, aber ein Umtausch kommt nicht in Frage.

Frank: Ich bin nur daran interessiert, die Schuhe gegen ein Paar neue umzutauschen oder mein Geld zurückzubekommen.

Verkäuferin: Das kann ich nicht entscheiden. Das kann nur der Chef.

Frank: Dann rufen Sie bitte den Chef.

Der Chef wird vielleicht zunächst wie die Verkäuferin reagieren. Er wird versuchen, sich im Interesse seines Geschäfts durchzusetzen. In diesem Fall kann Frank mit dem Chef genauso verfahren wie mit der Verkäuferin, und zwar so lange, bis er bekommt, was er möchte. Möglicherweise aber lenkt der Chef auch sofort ein und gibt nach. Verkäuferinnen handeln nämlich nicht immer im Sinne des Geschäftsinhabers.

Sie überschreiten manchmal ihre Befugnisse, halten sich starr an Regeln ohne das nötige Augenmaß für Ausnahmefälle oder haben einfach nur einen schlechten Tag und lassen ihre schlechte Laune an den Kunden aus.

Haben Sie bemerkt, mit welchen Äußerungen die Verkäuferin Frank manipulieren wollte? Da war zunächst einmal die Frage, was er mit den Schuhen gemacht hat. Was wohl? Gelaufen ist er damit. Oder sind die Schuhe nur zum Anschauen? Die zweite manipulative Äußerung war der Hinweis, dass er der Erste ist, der reklamiert. Auch damit will die Verkäuferin Frank ein schlechtes Gewissen machen, so nach dem Motto: Mit Ihnen kann etwas nicht stimmen.

Ich empfinde solch eine Bemerkung als Frechheit. Bin ich die anderen? Wenn die anderen zu schüchtern sind, um sich zu beschweren, oder meinen, das Produkt sei in Ordnung, dann ist das deren Sache. Ich bin nicht zufrieden und erwarte, dass man meine Kritik ernst nimmt und mich nicht als einen Exzentriker hinstellt, und Sie sollten sich ein solches Verhalten auch nicht gefallen lassen.

Die nächste manipulative Bemerkung der Verkäuferin war der Hinweis, dass es in diesem Geschäft nicht üblich sei umzutauschen. Was interessiert mich, was in diesem Geschäft üblich ist und was nicht. Entscheidend ist nur, welche Rechte ich als Verbraucher habe, und nicht, was ein Inhaber an willkürlichen Entscheidungen darüber trifft, was in seinem Geschäft üblich ist und was nicht. Schließlich versuchte die Verkäuferin, Frank durch den Hinweis zu manipulieren, dass die Schuhe an den Hersteller eingeschickt werden müssten. Das hat Frank als Kunden jedoch nicht zu interessieren. Frank hat die Schuhe in diesem Geschäft gekauft und damit muss auch das Geschäft die Wiedergutmachung leisten.

In größeren Geschäften ist es meist ratsam, gleich den Abteilungsleiter oder Chef rufen zu lassen, ehe man lange mit einem Verkäufer herumredet, der dann schließlich sagt, das könne er nicht entscheiden.

Ein häufiger Einwand meiner Klienten:
»Ist solch eine Gesprächstaktik nicht eine Waffe, mit der man andere manipulieren kann, und ist sie deshalb nicht asozial und gefährlich?«
Ich möchte Ihnen eine Gegenfrage stellen: Ist ein Küchenmesser, ein Auto oder Strom etwas Asoziales? Sie verstehen nicht, was das mit Ihrer Frage zu tun hat? Nun, sehr einfach. Ich kann ein Küchenmesser dazu benutzen, um Gemüse zu putzen oder einen Menschen zu töten. Ein Auto kann Menschen bequem von A nach B transportieren, es kann aber auch Menschen töten. Strom kann Leben retten, etwa bei Operationen, er kann aber auch, wenn man ihn falsch anwendet, Menschen töten. Ich will damit sagen, dass selbstsichere Gesprächstechniken zunächst weder gut noch schlecht, weder sozial noch asozial sind. Es hängt immer davon ab, wie man sie anwendet und wie verantwortungsbewusst man mit ihnen umgeht. Selbstsichere Techniken sollen nicht dazu dienen, andere zu manipulieren, sondern sollen lediglich helfen, zu seinem Recht zu kommen, das andere uns streitig machen wollen.

Schauen wir uns noch weitere Situationen aus dem Alltag an, in denen es wichtig sein kann, unsere Wünsche und Kritik zu äußern, wenn wir von anderen nicht übers Ohr gehauen werden wollen.

Kritik äußern in Restaurants

1. Situation: Ihr Steak ist durchgebraten, obwohl Sie es »medium« bestellt haben.

Ihr Ziel: Sie möchten ein Steak, das »medium« gebraten ist.

Unsichere Gedanken: »*Was soll's. Dann ess' ich es eben so. Was soll ich viel Aufhebens machen. Die anderen werden bestimmt zu mir herüberschauen, wenn ich mich beschwere. Das wäre mir peinlich. Das könnte ich nicht ertragen. Wer weiß, wie der Ober reagiert. Vielleicht wird er sauer.*«
Mit solchen Gedanken machen Sie es sich schwer, Ihr Recht auf ein Steak nach Ihren Wünschen durchzusetzen. Gewöhnen Sie sich deshalb an, selbstsicher zu denken. Das könnte so aussehen:

Selbstsichere Gedanken: »*Ich habe ein Recht darauf, mein Steak so zu bekommen, wie ich es möchte. Schließlich bezahle ich auch mit meinem guten Geld. Ich kann es ertragen, wenn andere bemerken, dass ich mich beschwere, auch wenn mir das unangenehm ist. Möglicherweise aber imponiert das denen sogar. Wenn der Ober verärgert ist, dann ist das nicht meine Schuld. Er ist dafür da, für mein Wohl zu sorgen.*«

Wie Sie vorgehen: Schauen Sie den Ober an, während Sie sagen: »*Herr Ober. Mein Steak ist völlig durchgebraten. Ich habe es jedoch »medium« bestellt. Bringen Sie mir bitte ein neues Steak.*«

Was Sie beachten sollten:
1. Entschuldigen Sie sich nicht, dass Sie dem Ober oder der Küche Unannehmlichkeiten bereiten.
2. Wenn Sie keine Zeit oder Lust mehr haben, auf ein neues Steak zu warten, dann können Sie statt »*Bringen Sie mir ein neues Steak*« sagen: »*Ich habe keine Zeit mehr, um auf ein neues Steak zu warten. Bringen Sie mir bitte die Rechnung*«, oder Sie entscheiden sich, das Steak »durch« zu essen.
3. Wenn Sie das Steak zurückgehen lassen, ohne hierfür ein

Ersatzsteak zu verlangen, dann bezahlen Sie natürlich das Steak auch nicht, auch wenn der Ober so dreist ist, es auf die Rechnung zu setzen. Sie müssen nicht für etwas bezahlen, das nicht in Ordnung ist und das Sie deshalb zurückgehen lassen.

4. Wichtig ist, dass Sie reklamieren, ehe Sie das Steak aufgegessen haben, d.h. wenn Sie das Steak anschneiden, ist der richtige Zeitpunkt, um sich zu beschweren. Haben Sie es gegessen, dann haben Sie keinen Anspruch mehr auf Ersatz oder Verweigerung der Rechnung.
5. Ober reagieren manchmal so, dass sie fragen: *»Darf ich Ihnen als Entschädigung etwas anderes bringen, ein Eis oder einen Kaffee?«* Vorsicht! Dies geschieht manchmal, um eine Rechtfertigung dafür zu haben, das Essen doch auf die Rechnung zu setzen. Wenn Sie einen Kaffee möchten, dann sagen Sie deshalb: *»Gerne, aber das Steak bezahle ich natürlich nicht.«*

Wenn Sie lernen möchten, selbstsicher aufzutreten, dann müssen Sie die erste Zeit bereit sein, ein schlechtes Gewissen in Kauf zu nehmen, und Sie müssen bereit sein, sich über Ihre Angst vor Ablehnung hinwegzusetzen. Das schlechte Gewissen und die Angst vor Ablehnung verschwinden erst, wenn Sie sich ein paarmal selbstsicher verhalten haben.

2. Situation: Ihr Essen ist versalzen oder das Fleisch ist zäh. Es ist also nicht unmittelbar erkennbar, dass ein Mangel vorliegt.

Ihr Ziel: Sie wollen einen Ersatz.

Unsichere Gedanken: wie oben

Selbstsichere Gedanken: wie oben

Wie Sie vorgehen: wie oben

Nun kann es Ihnen passieren, dass der Ober voller Erstaunen und etwas mürrisch sagt: *»Sie sind der Erste, der das sagt. Wir haben heute das Gericht schon zehnmal verkauft und keiner hat sich beschwert.«* In Anbetracht der vielen unsicheren Menschen, die sich in Lokalen nie beschweren und die immer schön brav auf die Frage des Obers *»Hat es geschmeckt?«* mit *»Ja, war gut«* antworten, wundert mich das gar nicht. Mit dieser Bemerkung will der Ober Sie einschüchtern und manipulieren. Er will Ihnen das Gefühl geben, mit Ihnen stimme etwas nicht. Lassen Sie sich diese unverschämte Bemerkung nicht gefallen.

Wie Sie darauf reagieren können: *»Die anderen interessieren mich nicht. Meine Suppe ist versalzen und ich möchte eine andere.«*

Was Sie beachten sollten:
1. Reagieren Sie darauf kurz und bündig – und vor allem mit ernstem Gesicht!
2. Lassen Sie sich auf keine Diskussion ein. Denken Sie an die »Schallplatte-mit-Sprung-Methode«.

Was Sie generell beachten sollten, wenn Sie Kritik äußern

1. Schauen Sie den anderen an, während Sie Ihre Kritik vorbringen.
2. Äußern Sie Ihre Kritik in einem bestimmten Ton und mit einem ernsten Gesicht.
3. Sprechen Sie in der Ich-Form statt in Du-Botschaften, z.B. *»Ich habe erwartet, dass Sie ...«, »Ich ärgere mich, dass du ...«*
4. Sagen Sie so genau wie möglich, was Sie stört. Vermeiden Sie also pauschale Urteile oder allgemeine Äußerungen.

Sagen Sie z.B.: »*Mir gefällt nicht, dass du, wenn wir verabredet sind, immer eine halbe Stunde zu spät kommst und mich warten lässt*« statt »*Auf dich kann man sich nicht verlassen. Du bist unzuverlässig*«.

5. Bleiben Sie sachlich und kritisieren Sie immer nur das Verhalten des anderen oder die Qualität der Ware. Vermeiden Sie es, die Person zu kritisieren oder anzugreifen. Sagen Sie: »*Mich stört es sehr, wenn du mich nicht ausreden lässt*« statt »*Du bist so was von rücksichtslos*«.
6. Sagen Sie auch, wie Sie sich wünschen würden, dass sich der andere verhält. Wenn man einem anderen nur sagt, was einem nicht gefällt, dann weiß der noch nicht, wie er sich anders verhalten kann. Sagen Sie also: »*Ich würde mir wünschen, dass du mich ausreden lässt.*«
7. Sie können dem anderen, vor allem wenn es sich um einen nahe stehenden Menschen handelt, auch mitteilen, wie Sie sein Verhalten empfinden. So könnten Sie auch sagen: »*Wenn du mich nicht ausreden lässt, habe ich das Gefühl, dass du meine Meinung nicht wichtig nimmst, und ich fühle mich verletzt.*«

Wünsche äußern bei Menschen, die einem nahe stehen (Ehepartner, Freunde, Nachbarn)

In diesem Bereich tun sich viele Menschen besonders schwer, selbstsicher aufzutreten, während es aber auch Menschen gibt, die gerade in diesem Bereich die wenigsten Probleme mit einem mangelnden Durchsetzungsvermögen haben.

Menschen, die sich beim Partner oder gegenüber Freunden nicht durchsetzen können, haben Angst, es sich bei diesen für sie wichtigen Personen zu verscherzen. Sie haben die Einstellung: »*Ich darf nichts tun, was dazu führen kann, dass mein Partner/Freund mich nicht mehr mag. Ich kann ohne diesen Menschen nicht leben. Ich brauche ihn.«* Sie befinden sich in einer starken emotionalen Abhängigkeit von diesen Menschen, die es ihnen schwer macht, das Risiko einzugehen, dass der Partner/Freund verärgert ist.

Diese starke Abhängigkeit von anderen Menschen entsteht, wenn man sich durch den anderen definiert. Eine Klientin von mir drückte es einmal so aus: *»Ich bin nur wer durch den anderen.«* Wenn man so denkt, hält man sich für unbedeutend und wertlos. Das Leben bekommt erst einen Sinn durch den anderen.

Wenn Sie sich von dieser starken Abhängigkeit und der sich daraus ergebenden Manipulierbarkeit lösen möchten, dann müssen Sie Ihre Selbstachtung stärken. Sie müssen also bei sich beginnen.

Situation: Eine Freundin hat sich von Ihnen vor einiger Zeit einen größeren Geldbetrag ausgeliehen. Sie hat versprochen, Ihnen das Geld in 14 Tagen zurückzugeben. Das ist nicht geschehen. Sie ärgern sich, dass sie Ihnen nicht von sich aus das Geld zurückgibt, getrauen sich jedoch nicht, sie darauf anzusprechen.

Ihr Ziel: Sie wollen ihr sagen, dass Sie das Geld zurückhaben wollen.

Unsichere Gedanken: *»Was wird sie von mir denken? Bestimmt hält sie mich für kleinlich und geizig. Vielleicht will sie auch nichts mehr mit mir zu tun haben, wenn ich das Geld zurückverlange. Das wäre schlimm für mich. Sie ist doch die einzige gute Freundin, die ich habe. Wenn ich sie verliere, würde ich mir das nie verzeihen. Ich sollte nicht so fordernd sein, aber verdammt, ich brauche doch das Geld. Ich sollte mich nicht so schwer tun, mein Geld zu verlangen.«*

Mit diesen Gedanken machen Sie es sich unnötig schwer, Ihr Geld zurückzufordern. Sie finden es von sich selbst kleinlich, das Geld zu verlangen, und verurteilen sich für Ihren Wunsch, Ihr Geld zurückhaben zu wollen. Deshalb befürchten Sie, Ihre Freundin könnte genauso denken. Gleichzeitig verurteilen Sie sich dafür, dass Sie Hemmungen haben, das Geld zu verlangen. Dadurch schwächen Sie Ihr Selbstvertrauen noch mehr.

Selbstsichere Gedanken: *»Ich habe ein Recht darauf, mein Geld zurückzuverlangen. Deshalb bin ich noch lange nicht kleinlich. Wäre ich das, hätte ich ihr das Geld erst gar nicht geliehen. Wenn sie kein Verständnis dafür haben und mir tatsächlich Vorwürfe machen sollte, dann kann ich damit leben. Ich muss mich dann aber auch fragen, ob sie tatsächlich eine Freundin ist oder mich nur ausnutzt.«*

Wie Sie vorgehen: Sie rufen die Freundin an oder treffen sich mit ihr und sagen:

Sie: Als ich dir kürzlich das Geld geliehen habe, hast du versprochen, es mir in 14 Tagen zurückzugeben. Jetzt sind 6 Wochen rum und ich habe das Geld immer noch nicht. Ich möchte, dass du mir das Geld bis in 10 Tagen zurückgibst.
Freundin: Ich weiß, aber es ist mir etwas dazwischengekommen. Da du nichts gesagt hast, habe ich angenommen, dass du das Geld nicht so dringend brauchst.
Sie: Ich brauche das Geld auch nicht. Ich möchte einfach, dass du mir das Geld zurückgibst.
Freundin: Aber wenn du es nicht brauchst, dann kannst du doch noch etwas warten. Ich musste mir plötzlich eine neue Waschmaschine kaufen. Die hatte ich nicht eingeplant.
Sie: Das verstehe ich, aber ich möchte trotzdem mein Geld zurück.
Freundin: Du bekommst dein Geld schon noch. Du brauchst keine Angst zu haben. Du bist doch meine beste Freundin. Du wirst mich doch jetzt nicht im Stich lassen? Ich konnte das mit der Waschmaschine doch nicht wissen.

Sie: Ich versteh dich, aber trotzdem möchte ich mein Geld zurück.
Freundin: Du sagst, dass du mich verstehst, und trotzdem willst du das Geld zurück. Das verstehe ich nun nicht. Du warst doch früher auch nicht so pingelig. Das habe ich an dir immer so geschätzt und jetzt stelle ich fest, dass du wie all die anderen bist.

Jetzt fährt die Freundin schwere Geschütze auf. Sie will Ihnen Schuldgefühle machen. Sie sagt aber auch etwas Wichtiges über sich aus. Offensichtlich haben sich andere nicht von ihr ausnutzen lassen. Wie sonst könnte sie Ihnen vorwerfen, Sie seien wie die anderen?

Sie: Du hast Recht. Ich war früher nachgiebiger und habe mich darüber immer geärgert, weil ich oft das Gefühl hatte, ausgenutzt zu werden. Deshalb habe ich beschlossen, weniger nachgiebig zu sein, und deshalb möchte ich, dass du mir mein Geld zurückgibst.
Freundin: Ich versteh' dich zwar nicht, aber wenn du darauf bestehst, dann kriegst du das Geld eben. Dann muss ich eben meine eiserne Reserve anzapfen.

Dieses Gespräch könnte natürlich auch einen anderen Ausgang nehmen. Ihre Freundin könnte sich tausendmal entschuldigen und Ihnen das Geld sofort zurückgeben. Sie könnte aber auch stinksauer werden, das Geld auf den Tisch knallen und gehen. Ist das dann das Ende der Freundschaft? Nicht unbedingt. Das hängt auch von Ihnen ab. Wenn Ihnen die Freundschaft wichtig ist, dann können Sie von sich aus mit der Freundin wieder Kontakt aufnehmen. Wenn sie Ihnen dann sagt, dass sie mit Ihnen nichts mehr zu tun haben will, dann ist das sehr schade. Aber Sie haben dann nicht eine Freundin verloren, sondern nur eine Ausbeuterin. In aller Regel ist es jedoch so, dass der andere sich für sein Verhalten entschuldigt. Er weiß genau, dass er im Unrecht ist, und hat wahrscheinlich sein wütendes Auftreten schon selbst bereut, hat sich aber nicht getraut, den ersten Schritt zu tun.

Was Sie beachten sollten:

1. Bleiben Sie bei der Wahrheit, nämlich dass Sie das Geld nicht brauchen. Wenn Sie das Geld tatsächlich nicht brauchen, dann sollten Sie Ihr Verhalten auch nicht damit entschuldigen, es dringend zu benötigen. Solche Ausflüchte haben Sie nicht nötig.
2. Einem manipulativen Angriff wie *»Du warst doch früher auch nicht so pingelig«* begegnen Sie am besten mit der »Nebelbank-Methode«, die ich Ihnen im nächsten Kapitel vorstelle. Benutzen Sie ansonsten die »Schallplatte-mit-Sprung-Methode«. Reagieren Sie nicht mit Gegenvorwürfen wie etwa: *»Du hast es gerade nötig, mir Vorwürfe zu machen.«*
3. Wenn Sie aus (falsch verstandener?) Rücksicht nicht auf der Rückgabe des Geldes bestehen, dann wird Ihre Nachgiebigkeit ausgenutzt, nach dem Motto: »Mit der kann man es machen.« Sie sind dann über sich verärgert, dass Sie so »blöd« sind, nicht durchzugreifen, und nehmen es Ihrer Freundin übel, dass sie Ihre Unsicherheit ausnützt. Das belastet die Freundschaft erst recht und es ist nur eine Frage der Zeit, bis Sie den Kontakt zur Freundin von sich aus abbrechen. Sie handeln also im Interesse der Freundschaft, wenn Sie darauf achten, dass es Ihnen gut geht.

Selbstsicher mit den Eltern umgehen

Auch wenn Sie bereits 35 Jahre alt und verheiratet sind, zwei Kinder haben und finanziell und beruflich auf Ihren eigenen Beinen stehen, so wird es Ihnen doch möglicherweise wie vielen erwachsenen Kindern gehen: Ihren Eltern gegenüber schaffen Sie es einfach nicht, selbstsicher aufzutreten. Zähneknirschend absolvieren Sie die von den Eltern erwarteten Besuche, gehen brav an Weihnachten zu Ihren Eltern, weil es denen das Herz brechen würde, wenn Sie nicht kämen, usw.

Sich aus der emotionalen Abhängigkeit von den Eltern zu befreien und ohne Schuldgefühle Nein sagen zu können, wenn es um Besuche und ähnliche Forderungen geht, das ist für fast alle »Kinder« sehr schwierig und erfordert sehr viel Fingerspitzengefühl. Schließlich geht es nicht darum, die Eltern vor den Kopf zu stoßen. Es geht einfach darum, dass erwachsene Kinder ein Recht auf ihr eigenes Leben haben.

Die meisten von uns haben zu ihren Eltern ein gespaltenes Verhältnis. Auf der einen Seite sind die Eltern sehr wichtige Bezugspersonen, denen wir viel verdanken und die wir deshalb nicht vor den Kopf stoßen wollen. Auf der anderen Seite aber möchten wir uns nicht mehr wie kleine Kinder behandeln lassen und von unserem Recht Gebrauch machen, unser Leben so zu leben, wie wir es möchten. So zu leben, wie wir es möchten, fällt uns dann besonders schwer, wenn die Eltern uns durch Äußerungen der nachfolgenden Art dazu bewegen wollen, ihrem Willen nachzugeben:
»Ich hätte meine Eltern nie so behandelt.«
»Wir haben nie an uns gedacht.«
»Wir haben das alles nur für dich getan.«
»Niemand liebt dich so sehr wie wir.«
»Wir haben meine Eltern jeden Monat besucht. Aber jetzt können wir schon von Glück reden, wenn du zweimal im Jahr auftauchst.«
»Mir macht das nichts aus, aber deinen Vater (deine Mutter) wird es umbringen.«
»Deine Mutter wird niemals darüber hinwegkommen.«
»Mach' dir um uns keine Sorgen ... Irgendwie werden wir schon damit fertig werden, dass du am Sonntag nicht zum Essen kommst.«
»Wir werden nicht mehr lange da sein, und wenn wir nicht mehr da sind ...«
»Ich meine es doch nur gut mit dir.«

Bei diesen Bemerkungen werden selbst gestandene Männer und emanzipierte Frauen schwach und verwandeln sich schlagartig in liebe Jungs und brave Mädchen, die gehorsam antanzen, wenn die Eltern rufen.

Wie kann man mit solchen Worten im Ohr guter Dinge und unbeschwert am Wochenende ins Elsass fahren? Womöglich liegen die Eltern, wenn man zurückkommt, mit gebrochenem Herzen in der guten Stube. Das würde man sich nie verzeihen. Auch verzichtet man gerne darauf, seinen Willen durchzusetzen, wo doch die Eltern auch nur Opfer gebracht und nie an sich gedacht haben.

Mal ehrlich. Geht Ihnen bei solchen Worten nicht auch das Messer in der Tasche auf? Müssen Sie sich angesichts solcher Worte Ihrer Eltern nicht auch auf die Zunge beißen und sich mächtig zusammenreißen, um nicht ausfallend zu werden? Warum aber vergewaltigen Sie sich derart? Warum lassen Sie sich entmündigen und tanzen nach der Pfeife Ihrer Eltern? *»Weil es meine Eltern sind«,* werden Sie sagen. Na und? Eltern sind auch nur Menschen. Es sind Menschen, denen wir vieles verdanken und die sicherlich auch viel für uns getan haben. Aber schließlich war es doch deren Entscheidung, uns in die Welt zu setzen. Und aus uneigennützigen und völlig selbstlosen Motiven heraus haben sie es bestimmt nicht getan. Und überhaupt. Wie weit muss die Dankbarkeit gehen? Ist man ein schlechter und undankbarer Sohn, nur weil man von seinem Recht Gebrauch macht, sein eigenes Leben zu führen? Janet Dight, eine amerikanische Therapeutin, stellt die Frage: *»Würden Sie mit Ihren Eltern so viel Zeit verbringen und würden Sie sich all das gefallen lassen, was Sie sich von Ihren Eltern gefallen lassen, wenn diese Menschen nicht Ihre Eltern wären?«* Eine gute Frage, auf die es sich lohnt, eine Antwort zu geben.

Das bedeutet natürlich nicht, Ihre Eltern hängen zu lassen,

wenn es ihnen schlecht geht oder sie Ihre Hilfe brauchen. Schließlich sind es die Eltern, und davon hat man nur zwei in seinem ganzen Leben. Es geht nur darum, dass wir uns nicht durch die Tatsache, dass sie unsere Eltern sind, dazu vergewaltigen lassen, Dinge zu tun, die uns widerstreben oder die uns daran hindern, uns so zu entfalten, wie wir es möchten.

Da Eltern sehr gerne mit Schuldgefühlen arbeiten, empfehle ich Ihnen, sich dagegen immun zu machen. Wie Sie vermeiden können, dass andere Ihnen Schuldgefühle machen und Sie auf diese Weise manipulieren, habe ich Ihnen in Kapitel 6 gezeigt. Wenn Sie sich nicht mehr für einen schlechten Sohn oder eine undankbare Tochter halten, nur weil Sie Ihren Eltern nicht wöchentlich einen Besuch abstatten, sie nicht regelmäßig anrufen oder ihre Ratschläge nicht befolgen, dann können Sie sich ihnen gegenüber auch so selbstsicher verhalten wie gegenüber Menschen, die Ihnen nicht so nahe stehen.

Eine Zusage, die Sie vorschnell gegeben haben, wieder rückgängig machen

Situation: Sie haben einem Freund zugesagt, ihm beim Umzug zu helfen, weil Sie sich nicht getrauten, Nein zu sagen. Sie sind über sich verärgert, dass Sie vorschnell Ja gesagt haben.

Ihr Ziel: Sie wollen ihm am nächsten Tag absagen.

Unsichere Gedanken: »*Was wird er von mir denken, wenn ich ihm jetzt absage? Er rechnet jetzt doch mit mir. Wenn ich ihm jetzt absage, bekommt er vielleicht keinen Ersatz. Er nimmt es mir bestimmt übel. Ich sollte eine einmal gegebe-*

ne Zusage nicht rückgängig machen. Das macht man nicht. Wenn ich ihn mal brauche, dann wird er mir bestimmt auch nicht helfen. Das könnte schlimm für mich sein.«

Selbstsichere Gedanken: *»Ich habe das Recht, meine Meinung zu ändern, auch wenn das dem anderen Unannehmlichkeiten bereitet. Natürlich ist es für ihn nicht angenehm, aber er wird jemand anderen finden. Es ist mir zwar nicht wohl dabei, ihm abzusagen, andererseits bin ich es mir und meiner Selbstachtung schuldig. Wenn er für meine Entscheidung kein Verständnis hat und es mir übel nimmt, dann ist das schade, aber ich kann damit leben. Möglich, dass er mir auch eine Abfuhr erteilt, wenn ich ihn mal um einen Gefallen bitte. Das wäre dann vielleicht unangenehm für mich – so wie es für ihn nun unangenehm ist –, aber ich werde dann eben eine andere Lösung finden müssen.«*

Wie Sie vorgehen: Sie rufen den Freund an und sagen:

Sie: Ich hab's mir überlegt. Ich möchte dir doch nicht beim Umzug helfen. Frage bitte jemand anderen.
Er: Aber gestern hast du mir doch zugesagt. Ich habe mich auf dich verlassen. Du lässt mich ganz schön hängen.
Sie: Ich verstehe, dass das für dich unangenehm ist, aber ich habe mich anders entschieden.
Er: Wo liegt das Problem? Man kann sich doch sonst auf dein Wort verlassen. Warum machst du jetzt einen Rückzieher, noch dazu, wo ich dich so dringend brauche?
Sie: Du hast Recht. Ich bin in diesem Fall unzuverlässig. Tut mir Leid, wenn du dadurch Unannehmlichkeiten hast, aber ich möchte dir nicht helfen.
Er: Sag' mal, ist dir eine Laus über die Leber gelaufen?
Sie: Nein, ich habe gestern nur etwas vorschnell zugesagt, wie das bisher meine Art war. Ich hab' mich nicht getraut, dir gleich zu sagen, dass ich nicht möchte, deshalb tue ich es jetzt.
Er: Na komm, dieses eine Mal kannst du doch noch eine Ausnahme machen. Du wirst doch einen Freund nicht hängen lassen. Ich habe dir auch schon geholfen, obwohl es mir nicht

gepasst hat.
Sie: Ich verstehe deinen Ärger, aber ich möchte dir dieses Mal nicht helfen. Wenn du mich das nächste Mal fragst, hoffe ich, dass ich dir gleich sagen kann, wenn ich nicht möchte.

Was Sie beachten sollten:
1. Machen Sie keine Ausflüchte wie: »*Ich muss dringend ...*« oder »*Ich hatte ganz vergessen, dass ich ...*« Entschuldigen Sie also Ihren Entschluss nicht.
2. Machen Sie von der »Schallplatte-mit-Sprung-Methode« und der »Methode der negativen Selbstsicherheit« Gebrauch (s. nächstes Kapitel).
3. Es geht nicht darum, dem anderen bewusst Unannehmlichkeiten durch die Rücknahme der Zusage zu bereiten. Es geht nur darum, dass Sie von Ihrem Recht Gebrauch machen, Ihre Meinung zu ändern.

Selbstsicher beim Einkaufen auftreten

1. Situation: Sie gehen in ein Koffergeschäft, um sich nach einem Koffer umzuschauen. Sie lassen sich einige Koffer zeigen, ein Koffer gefällt Ihnen ganz gut, Sie möchten sich jedoch noch in anderen Geschäften umschauen.

Ihr Ziel: Sie wollen wieder gehen, ohne etwas zu kaufen.

Unsichere Gedanken: »*Die Verkäuferin hat sich so viel Mühe gegeben. Jetzt kann ich doch nicht einfach gehen, ohne etwas zu kaufen. Wie sieht das denn aus? Ich habe der Verkäuferin so viele Umstände gemacht, dass sie bestimmt verärgert ist, wenn ich jetzt nichts kaufe.*«

Selbstsichere Gedanken: »*Ich habe das Recht, mich über das Angebot zu informieren. Verkäufer sind dazu da, mir die*

Ware zu zeigen. Ich bin nicht verpflichtet, etwas zu kaufen. Wenn die Verkäuferin verärgert ist, dann hat sie wohl eine falsche Auffassung von ihrer Arbeit oder sie hat einen schlechten Tag.«

Wie Sie vorgehen: Sie sagen freundlich: »*Haben Sie vielen Dank für Ihre Mühe. Ich möchte mich jedoch noch woanders umschauen, ehe ich mich entscheide. Auf Wiedersehen.«*

Was Sie beachten sollten:

1. Verkneifen Sie sich zu sagen: »*Ich überleg's mir noch mal.«* oder »*Ich komme später noch mal vorbei.«* Unterlassen Sie also Bemerkungen, die nur dazu dienen, die möglicherweise verärgerte Verkäuferin zu beschwichtigen. Die Verkäuferin ist dazu da, Ihnen die Ware zu zeigen, und es ist Ihr Recht, sich die Ware zeigen zu lassen und ohne Angaben von Gründen nichts zu kaufen.
2. Ich habe die Erfahrung gemacht, dass die meisten Verkäufer ziemlich gelassen reagieren, wenn man das Geschäft wieder verlässt, ohne etwas zu kaufen.
3. Ziel dieser Übung ist, dass Sie Ihr Recht als Verbraucher wahrnehmen, sich die Waren eines Geschäftes zeigen zu lassen, ohne danach die Verpflichtung zu verspüren, sie auch kaufen zu müssen.

2. Situation: Sie gehen in ein Geschäft, um sich umzuschauen.

Ihr Ziel: Sie wollen sich ungestört umsehen und selbst Kleider anprobieren, ohne dass Ihnen ein Verkäufer im Nacken sitzt.

Unsichere Gedanken: »*Das ist unhöflich, wenn ich ihn wegschicke. Er ist doch extra dafür da, mich zu bedienen.«*

Selbstsichere Gedanken: »*Ich habe das Recht, mich unge-*

stört umzuschauen und Kleider anzuprobieren. Das ist weder unhöflich noch ungewöhnlich.«

Wie Sie vorgehen: Die Verkäuferin kommt und fragt: »Womit kann ich dienen?« Sie antworten freundlich auf die Frage der Verkäuferin: *»Ich möchte mich umschauen. Wenn ich Sie brauche, rufe ich Sie.«*

3. Situation: Sie gehen in ein Bekleidungsgeschäft und lassen sich Kleider zeigen. Der Verkäufer versucht, Sie mit Bemerkungen wie *»Das steht Ihnen ausgezeichnet, das ist jetzt große Mode; das trägt man jetzt so«* zum Kauf zu überreden. Sie fühlen sich bedrängt und belästigt.

Ihr Ziel: Sie wollen, dass der Verkäufer mit seinen Kommentaren aufhört und Sie sich ungestört umschauen können.

Unsichere Gedanken: *»Ich kann ihm doch nicht den Mund verbieten. Das wäre sehr unhöflich. Bestimmt ist er dann eingeschnappt.«*

Selbstsichere Gedanken: *»Ich will selbst entscheiden, was mir steht und was nicht. Der Verkäufer will mit seinen Bemerkungen nur erreichen, dass ich etwas kaufe. Ihm ist es wahrscheinlich völlig egal, wie ich rumlaufe. Hauptsache, ich gehe hier raus und habe was gekauft. Mag sein, dass er eingeschnappt ist, wenn ich ihm sage, dass ich seine Kommentare nicht hören will, aber das ist sein Problem. Ich bin nicht hier, um mich belehren zu lassen, was mir steht. Das kann ich selbst entscheiden.«*

Wie Sie vorgehen: Sie sagen dem Verkäufer freundlich und bestimmt: *»Lassen Sie mich bitte selbst entscheiden, was mir steht.«* Fährt der Verkäufer fort, Sie zu belehren, dann sagen Sie in einem ärgerlichen Ton: *»Ich habe das Gefühl, Sie wollen mir etwas aufschwatzen. Entweder Sie hören damit auf, oder ich verlasse das Geschäft.«*

Was Sie beachten sollten:
Verkäufer leben davon, anderen etwas zu verkaufen. Viele bekommen auch einen gewissen Prozentsatz von dem Umsatz, den sie machen. Es geht nicht darum, dem Verkäufer seine Lebensgrundlage oder Existenzberechtigung zu entziehen. Es geht nur darum, dass Sie von Ihrem Recht Gebrauch machen, ungestört und selbst zu entscheiden, was Sie möchten und was nicht.

Mit Vertretern an der Tür oder am Telefon selbstsicher umgehen

Situation: An Ihrer Wohnungstür steht ein junger Mann. Er will Ihnen ein Zeitschriftenabonnement verkaufen.

Ihr Ziel: Sie wollen nichts kaufen.

Unsichere Gedanken: *»Der arme Kerl. Er hat es sicherlich nicht einfach. Er wird ziemlich enttäuscht sein, wenn ich ihm nichts abnehme.«*

Selbstsichere Gedanken: *»Ich brauche keine Zeitschriften. Wenn ich dem jungen Mann zuliebe eine Zeitschrift abonniere, dann ist er auf meine Kosten zufrieden. Ich bleibe hart, auch wenn ich ihm lieber den Gefallen tun würde.«*

Wie Sie vorgehen:

Student: Guten Tag. Ich bin Student und verdiene mir mein Studium mit dem Verkauf von Zeitschriften: Bitte helfen Sie mir und kaufen Sie mir ein Abonnement ab.
Sie: Ich bin nicht interessiert.
Student: Warum wollen Sie mir denn nicht helfen? Sie wissen doch, wie teuer alles ist, und meine Eltern können mich nicht unterstützen.

Sie: Ich verstehe Sie vollkommen, aber ich bin nicht interessiert.
Student: Schauen Sie mal. Haben Sie schon eine Fernsehzeitschrift? Die können Sie doch sicherlich brauchen. Die ist auch nicht teuer.
Sie: Ich bin wirklich nicht interessiert.
Student: Jetzt geben Sie mir doch eine Chance. Ich weiß nicht, wovon ich leben soll, wenn Sie mir kein Abonnement abkaufen. Sie können doch nicht so hartherzig sein.
Sie: Sie haben Recht. Ich bin vielleicht hartherzig, aber ich brauche keine Zeitschrift.

Was Sie beachten sollten:

1. In der Regel sind diese Zeitungsverkäufer keine Studenten, sondern »Drücker«. So nennt man Leute, die angeheuert wurden, um anderen durch traurige und das Herz brechende Geschichten das Geld aus der Tasche zu locken.
2. Wenn Sie an der Haustür doch einmal einen Kaufvertrag – gleichgültig wofür – unterschrieben haben, dann können Sie davon in der Regel innerhalb einer Woche zurücktreten. Schicken Sie einfach einen Brief – am besten eingeschrieben – an die Firma und sagen: »Hiermit widerrufe ich mein Abonnement.«
3. Natürlich könnten Sie auch abweisend sagen: *»Ich bin nicht interessiert«,* und dann die Tür zuknallen. Das wäre auch ein Weg, um einen lästigen Verkäufer loszuwerden. Andererseits ist solch eine Situation eine gute Gelegenheit, um zu lernen, wie man beharrlich Nein sagt.

Die gleichen Strategien können Sie natürlich auch einsetzen, wenn Ihnen jemand etwas am Telefon verkaufen will.

Sich gegen Überstunden wehren

Situation: Ihr Chef hat Ihnen in letzter Zeit immer kurz vor Arbeitsschluss noch »wichtige« Korrespondenz auf den Tisch gelegt, die unbedingt an diesem Tag noch erledigt werden muss. Dadurch kommen Sie immer später aus dem Büro. Ihr Privatleben leidet darunter.

Ihr Ziel: Sie wollen das nicht mehr mitmachen und ihm sagen, dass Sie zukünftig wirklich nur noch in Notfällen Überstunden machen werden.

Unsichere Gedanken: *»Er wird bestimmt kein Verständnis dafür haben. Bestimmt wird er sauer und zahlt es mir bei anderer Gelegenheit heim. Er wird denken, ich bin arbeitsscheu, und mich bei nächster Gelegenheit entlassen.«*

Selbstsichere Gedanken: *»Es wird ihm bestimmt nicht gefallen, wenn ich nur noch in Ausnahmefällen länger dableibe. Aber mein Privatleben ist auch wichtig. Wenn er regelmäßig länger arbeitet, ist das seine Sache. Deshalb muss ich nicht dafür büßen. Er sagt immer wieder, wie froh er ist, dass er mich hat. Also wird er mir schon nicht den Kopf abreißen. Wenn er aufgebracht ist, dann lasse ich mich davon nicht umstimmen. Ich bleibe standhaft.«*

Wie Sie vorgehen: Sie gehen zu Ihrem Chef und sagen:

Sie: Herr Zimmer, ich muss mit Ihnen sprechen. Haben Sie einen Moment Zeit?
Chef: Ja, worum geht es?
Sie: In letzter Zeit haben Sie mir fast täglich kurz vor Arbeitsende noch dringende Korrespondenz zum Erledigen gegeben. Dadurch bin ich immer eine Stunde und später nach Hause gekommen. Mein Privatleben leidet darunter. Ich möchte pünktlich Schluss machen und wirklich nur noch in Ausnahmefällen länger bleiben.
Chef: Das kann ich Ihnen nicht versprechen. Sie wissen doch, wie das bei uns ist. Auch ich komme mit meiner Arbeit nicht nach und muss regelmäßig länger arbeiten oder mir Arbeiten mit nach Hause nehmen.

Sie: Ja, ich weiß, wie das bei uns ist. Trotzdem möchte ich zukünftig pünktlich Schluss machen und nur in Ausnahmefällen länger arbeiten.
Chef: Wie stellen Sie sich das vor? Soll ich die Briefe selber tippen? Sie wissen doch, wie sehr ich Sie schätze. Ohne Sie bin ich aufgeschmissen. Die Belange der Firma gehen schließlich vor.

Der Verweis darauf, wie sehr er Sie schätzt, dient dazu, Sie durch Schmeicheleien zu manipulieren. Möglicherweise steckt auch eine Drohung dahinter, dass er Sie nicht mehr schätzen könnte, wenn Sie keine Überstunden mehr machen.

Sie: Es freut mich, dass Sie mich schätzen. Dann werden Sie sicher meinen Wunsch nach pünktlichem Arbeitsende respektieren und eine andere Lösung finden.
Chef: Was ist los mit Ihnen? So kenne ich Sie ja gar nicht. Sie waren doch sonst so kooperativ. Wir waren doch immer ein so gutes Gespann.
Sie: Ja, wir arbeiten gut zusammen und ich hoffe, dass es auch weiter so bleibt. Trotzdem möchte ich in Zukunft pünktlich Schluss machen.
Chef (verärgert): Also hören Sie. Ich habe jetzt keine Zeit, mich mit Ihnen noch länger darüber zu streiten. Ich habe Wichtigeres zu tun und Sie wohl auch, oder?
Sie: Sie haben Recht. Wir haben beide viel zu tun. Mein Wunsch, pünktlich Schluss zu machen, ist für mich aber auch wichtig und ich möchte, dass Sie das respektieren.

Was Sie beachten sollten:

1. Es geht nicht darum, es generell abzulehnen, Überstunden zu machen. Es geht nur darum, aus der Ausnahme keine Regel werden zu lassen.
2. Gehen Sie zum Chef und besprechen Sie Ihr Anliegen, ehe er kurz vor Feierabend wieder mit »wichtigen« Arbeiten kommt. So kann er sich darauf einstellen. Äußern Sie Ihren Wunsch erst, wenn er kurz vor Feierabend kommt, dann kann er einwenden, er habe sich auf Sie verlassen und Sie müssten jetzt die Arbeiten noch erledigen.

Was möchte ich mir merken?

1 ....

2 ....

3 ....

4 ....

5 ....

13 Mit berechtigter, aber auch unsachlicher und manipulativer Kritik umgehen

Wenn es Ihnen wie den meisten Menschen geht, dann können Sie mit Kritik von anderen nur sehr schlecht umgehen. Werden Sie kritisiert, dann fühlen Sie sich vielleicht persönlich angegriffen, verteidigen sich, versuchen, Ihren Kopf aus der Schlinge zu ziehen, indem Sie die Verantwortung auf andere abschieben, greifen Ihrerseits den anderen an, haben Rachegelüste oder ziehen sich verletzt und schweigend zurück. Sie verspüren in solchen Momenten Angst, Ihr Puls geht schneller, Sie werden vielleicht rot oder fangen zu schwitzen an.

Wie kommt es zu diesen Reaktionen und warum können die meisten von uns so schlecht mit Kritik umgehen? Die Antwort darauf finden wir in unserer Kindheit. Wurden wir als Kinder von unseren Eltern kritisiert, dann empfanden wir ihre Kritik meist als Ablehnung unserer ganzen Person. Als Kind von den wichtigsten Bezugspersonen abgelehnt zu werden, bedeutet jedoch immer, Gefahr zu laufen, die Liebe und Unterstützung dieser wichtigen Menschen zu verlieren. Wenn wir als Kinder befürchten, die Liebe anderer zu verlieren, dann sehen wir uns buchstäblich in Lebensgefahr, da wir ohne diese Menschen nicht überleben können.

Wir sind als Kinder so auf unsere Eltern angewiesen, sind von ihnen so abhängig, dass wir den möglichen Verlust ihrer

Liebe als etwas Lebensgefährliches betrachten. Auch folgte der Kritik der Eltern oft eine Bestrafung oder wir verspürten Schuldgefühle. Auf diese Weise haben wir gelernt, Kritik als etwas Negatives zu betrachten, als etwas sehr Gefährliches, vor dem man sich schützen, dem man möglichst aus dem Weg gehen muss. Wenn unser Partner oder der Chef mit ernster Miene sagt »Wir müssen uns über … unterhalten«, dann schrillen bei uns die Alarmglocken und Panik macht sich breit.

Obwohl wir als Erwachsene nicht mehr in dem Maße von anderen abhängig sind, obwohl wir auf eigenen Beinen stehen und sehr gut ohne die Liebe und Unterstützung anderer leben könnten, haben wir trotzdem noch panische Angst vor Kritik. Für viele von uns ist Kritik auch heute noch etwas Gefährliches, etwas, dem man unter allen Umständen aus dem Weg gehen muss. Die Folgen sind übertrieben große Anpassung bis hin zur völligen Selbstaufgabe.

Warum Menschen Kritik üben

Grundsätzlich gibt es zwei Beweggründe, warum Menschen kritisieren: Sie tun es entweder, um uns zu schaden, oder um uns zu helfen.

Wenn Menschen uns durch ihre Kritik schaden wollen, dann ist Kritik für diese ein Mittel, um über uns Kontrolle auszuüben oder uns zu beherrschen. Durch ihre Kritik wollen sie erreichen, dass wir klein beigeben, uns unterlegen fühlen und sie ihren Willen durchsetzen können. Meistens bringen solche Menschen ihre Kritik sehr lautstark, »von oben herab« oder gar aggressiv vor, sodass sie alleine schon durch ihr Auftreten ihre Mitmenschen einschüchtern. Manche Menschen setzen Kritik aber auch ein in der Hoffnung, der Kritisierte verspürt Schuldgefühle und lässt sich so besser manipulieren. Sie gebrauchen gerne pauschale Urteile wie: »Du tust nie ...«, »Du tust immer ...« usw. Sie versuchen also auf indirekte Weise, d. h. über Schuldgefühle, ihren Willen durchzusetzen. Menschen üben aber auch Kritik, weil sie sich rächen und dem anderen etwas heimzahlen wollen. Kritik als Mittel, um Rache zu üben, setzen Menschen meist dann ein, wenn sie sich verletzt oder angegriffen fühlen. Es gibt aber auch Menschen, die nur deshalb Kritik üben, weil sie fälschlicherweise meinen, sie könnten sich dadurch »größer« machen, indem sie andere »klein« machen. Dann gibt es auch Menschen, die üben nur Kritik, um die Aufmerksamkeit auf sich zu lenken oder um von etwas abzulenken, was ihnen unangenehm ist. Und schließlich üben manche Menschen Kritik, um anderen dadurch zu signalisieren: »Ich bin hier der Chef.« Sie wollen dadurch ihre Position stärken und mögliche Rivalen ausschalten.

Kritik, die in schlechter Absicht geäußert wird, hat nur ein Ziel: Der Kritisierte soll sich schlecht fühlen, damit es der Kritisierende leichter hat, seinen Willen durchzusetzen.

Kritik jedoch, die in guter Absicht geäußert wird, verfolgt das Ziel, dem Kritisierten zu helfen. Durch die Kritik wird der Kritisierte auf seine Fehler aufmerksam gemacht und er hat so die Chance, es das nächste Mal besser zu machen. Dies trifft auf die Arbeitswelt ebenso zu wie auf Beziehungen zwischen Menschen. Dem Kritisierenden liegt viel an dem anderen und er möchte deshalb, dass dieser das Beste aus sich macht. Kritik ist in diesen Fällen also eine Form von Unterstützung und Anteilnahme. Wäre einem der andere gleichgültig, dann würde man ihn auch nicht kritisieren. Kritik kann also auch ein Ausdruck von Liebe sein.

Nun ist es nicht immer leicht, hinter die Kritik zu schauen und zu entscheiden, ob der Kritisierende nun in guter oder schlechter Absicht Kritik übt. Ich kann Ihnen kein Patentrezept geben, das Ihnen hilft, die Spreu vom Weizen zu trennen. Manches Mal mag es helfen, wenn Sie den Kritisierenden fragen, warum er Sie kritisiert, und was er damit beabsichtigt. Auch mag die Art, wie die Kritik vorgebracht wird, einen Anhaltspunkt liefern, was der Kritisierende mit seiner Kritik beabsichtigt. Gebraucht er beleidigende Worte und kritisiert er sehr aggressiv und laut, dann lässt das eher darauf schließen, dass er Sie manipulieren will, wenngleich seine Reaktion auch nur übersteigert sein kann, weil ihn etwas schon sehr lange an Ihrem Verhalten stört und er sich nicht getraut hat, Ihnen das zu sagen.

Wenn Sie auch nicht immer zweifelsfrei entscheiden können, ob es ein anderer mit seiner Kritik gut meint oder ob er Ihnen schaden will, so können Sie dennoch lernen, mit beiden Formen von Kritik umzugehen. Der erste und wichtigste Schritt besteht darin, dass Sie sich nicht für Ihre Fehler und Schwächen verurteilen. Wenn Sie sich selbst für Fehler verurteilen, dann fühlen Sie sich zwangsläufig angegriffen, gleichgültig, ob es der andere gut oder schlecht mit Ihnen meint. Wenn Sie sich z.B. darüber ärgern, dass Sie Fehler bei Ihrer Arbeit machen, und es sich übel nehmen, dass Sie nicht perfekt sind, dann nehmen Sie es Ihrem Chef übel, dass er Sie für Fehler kritisiert. Ja, Sie fassen dann ganz harmlose Hinweise wie etwa »Vergessen Sie nicht, ...« als Kritik auf und ärgern sich: *»Der hält mich wohl für blöd.«*

Der beste Schutz gegen Kritik, ob nun gut gemeint oder nicht, besteht darin, dass Sie in der Lage sind, sich Ihre Fehler und Schwächen zu verzeihen. Je rücksichtsvoller und netter Sie mit sich umgehen, wenn Sie Fehler machen, desto besser gelingt es Ihnen, mit der Kritik anderer umzugehen. Arbeiten Sie also daran, Ihr Selbstwertgefühl zu stärken.

Wie können Sie sich nun gegenüber Menschen verhalten,

die Sie kritisieren? Wie können Sie mit gut gemeinter und mit schlecht gemeinter Kritik umgehen? Hierbei können Ihnen zwei Methoden helfen, die ich Ihnen nun vorstelle.

Wie Sie mit manipulativer Kritik umgehen können

Die **»Nebelbank-Methode«**, die von Manuel Smith entwickelt wurde, dient dazu, mit unsachlicher und manipulativer Kritik umgehen zu können, mit einer Form von Kritik also, mit der unser Gegenüber lediglich bezweckt, dass wir uns schlecht oder schuldig fühlen, damit es sein Ziel erreicht.

Welche Eigenschaften hat Nebel?

1. Man kann nicht durch ihn hindurchschauen. Man weiß nicht, was am anderen Ende ist, und ist deshalb verunsichert.
2. Man kann durch ihn hindurchgehen, er widersetzt sich nicht, aber trotzdem ist man ihm in gewisser Weise ausgeliefert. Er ist da, aber man kann ihn nicht fassen. Er entwischt einem immer wieder.

Die »Nebelbank-Methode« besteht darin, dem Körnchen Wahrheit, das meist in der unsachlichen Kritik enthalten ist, zuzustimmen und die unsachlichen Worte und versteckten Andeutungen, die nur darauf abzielen, uns ein schlechtes Gewissen zu machen, zu ignorieren. Man gibt also zu, dass an der Äußerung des anderen etwas Wahres dran sein könnte. Man verteidigt sich nicht, man rechtfertigt sich nicht, man sagt einfach: *»Da kannst du Recht haben.«* oder *»Wahrscheinlich hast du Recht.«* oder *»Das ist gut möglich.«* oder einfach *»Stimmt.«*

Schauen wir uns ein Beispiel an. Ein Ehemann streitet sich mit seiner Frau, weil diese eine Stelle annehmen will.

> **Mann:** Immer muss alles nach deinem Kopf gehen. Ich bin dir wohl gleichgültig.
> **Frau:** Du hast Recht. Manchmal habe ich wirklich einen Dickkopf.
> **Mann:** Das kannst du doch gar nicht alles bewältigen, die Kinder, den Haushalt und jetzt auch noch arbeiten gehen.
> **Frau:** Da magst du Recht haben, dass es ein bisschen viel wird.
> **Mann:** Du machst dir wohl überhaupt keine Gedanken, wie es mir geht. Ich bin dir wohl völlig egal.
> **Frau:** Das ist gut möglich, dass ich nicht immer bei allem, was ich tue, an dich denke.
> **Mann:** Du kannst von Glück sagen, dass ich ein so friedfertiger Mensch bin. Andere Männer würden sich das nicht gefallen lassen.
> **Frau:** Das ist gut möglich.
> **Mann:** Wenn ich mir andere Frauen so anschaue, dann haben die nicht solche Flausen im Kopf.
> **Frau:** Da magst du Recht haben. Nicht alle wollen ihr eigenes Geld verdienen.

Der Ehemann versucht mit allen Tricks, seine Frau von ihrem Entschluss, arbeiten zu gehen, abzubringen. Er appelliert an ihre Verantwortung für die Kinder (die könnten zu kurz kommen), er vergleicht sie mit anderen Frauen, um ihr das Gefühl zu geben, etwas könne nicht mit ihr stimmen, er versucht, ihr Schuldgefühle zu machen, indem er ihr vorwirft, sie sei egoistisch, und er versucht es mit einer sanften Drohung, indem er auf andere Männer verweist, die sich so etwas nicht gefallen lassen würden.

Indem seine Frau ihm keine Gegenrede leistet und ihm sogar teilweise beipflichtet, nimmt sie ihm den Wind aus den Segeln. Sie bietet ihm keine weitere Angriffsfläche in Form von Argumenten oder Rechtfertigungen, die er wieder auseinander nehmen und widerlegen könnte. Auf diese Weise geht ihm sein Pulver bald aus und er muss erkennen, dass er mit seiner Manipulation nicht weiterkommt.

Damit ist der Konflikt natürlich noch nicht aus der Welt geschafft. Durch ihr Verhalten hat sie ihm lediglich zu verstehen gegeben, dass sie mit ihm auf dieser Ebene der unsachlichen Argumente nicht diskutiert und sich nicht manipulieren lässt. *Mithilfe dieser Methode können Konflikte zwischen Menschen nicht aus der Welt geschafft werden.* Man kann damit nur erreichen, eine bessere Gesprächsbasis zu finden, eine partnerschaftliche Basis, auf der man sich gegenseitig respektiert.

Schauen wir, wie dieses Gespräch verlaufen könnte, wenn die Ehefrau sich gerechtfertigt und verteidigt hätte.

Mann: Immer muss alles nach deinem Kopf gehen. Ich bin dir wohl gleichgültig.
Frau: Das ist ungerecht und überhaupt, du bist doch derjenige, der immer seinen Kopf durchsetzen will.
Mann: Ich? Das stimmt überhaupt nicht. Wann habe ich mich das letzte Mal durchgesetzt?
Frau: Erst gestern. Wer ist denn in das Reisebüro gegangen und hat einfach den Urlaub auf Mallorca gebucht, ohne mich zu fragen, ob ich da auch hin will?
Mann: Das ist doch was völlig anderes. Und überhaupt. Ich werde doch wohl noch entscheiden können, wo ich Urlaub machen möchte, wenn ich mir das Geld dafür sauer verdienen muss.
Frau: Das ist der springende Punkt. Das ist immer das Gleiche mit dir. Genau aus dem Grund will ich arbeiten gehen und mein eigenes Geld verdienen. Ich hab es satt, mir ständig von dir anhören zu müssen, dass ich ja nur von deinem Geld lebe und deshalb auch keine Ansprüche stellen darf.

Sie kennen solche Gespräche vielleicht zur Genüge. Jeder macht dem anderen Vorwürfe und jeder versucht, dem anderen zu beweisen, dass er Unrecht hat. Solche unsachlichen

Gespräche lassen sich vermeiden, wenn Sie von der »Nebelbank-Methode« Gebrauch machen.

Um die »Nebelbank-Methode« anwenden zu können, bedarf es einer wichtigen Voraussetzung: Sie dürfen sich selbst für Ihre Fehler und Schwächen nicht verurteilen, d.h., Sie müssen sich selbst zugestehen, dass Sie auch nur ein Mensch sind, der ein Recht darauf hat, fehlerhaft zu sein. Diese Voraussetzung trifft in noch viel stärkerem Maße auf die nächste Gesprächstechnik zu, die ich Ihnen gleich vorstellen werde: die »Methode der negativen Selbstsicherheit«). Wenn Sie sich nämlich selbst für vermeintliche oder echte Fehler und Schwächen kritisieren, dann reagieren Sie sehr empfindlich auf Kritik, sei sie nun gut oder schlecht gemeint. Sie können dann nicht so überlegt reagieren, wie es die »Nebelbank-Methode«) und die »Methode der negativen Selbstsicherheit«, erfordern.

Wie Sie mit gut gemeinter Kritik umgehen können

Während die »Nebelbank-Methode« dazu dient, sich gegen manipulative und unsachliche Kritik zur Wehr zu setzen, dient die **»Methode der negativen Selbstsicherheit«** dazu, mit gutgemeinter oder berechtigter Kritik so umzugehen, dass man nicht verunsichert ist. Auch diese Methode stammt von M. Smith. **Sie besteht darin, dass man ruhig der Kritik des anderen zustimmt.** Ein Beispiel.

Florian ist Sachbearbeiter in einer Versicherung. Er ist in letzter Zeit ein paarmal zu spät gekommen und war, bedingt durch familiäre Probleme, bei seiner Arbeit unkonzentriert, sodass ihm ein paar Fehler unterlaufen sind bzw. er seiner Arbeit nicht mehr ganz nachkam und einiges liegen blieb. Sein Chef spricht ihn darauf an.

Chef: Was ist los mit Ihnen? Sie sind in letzter Zeit ein paarmal zu spät gekommen. Was haben Sie für eine Erklärung?
Florian: Sie haben Recht. Ich war ein paarmal unpünktlich. Ich werde mich bemühen, dass es nicht wieder vorkommt.
Chef: Irgendwie scheinen Sie mit Ihren Gedanken woanders zu sein. Was ist nur los mit Ihnen? Sie sind doch sonst so genau.
Florian: Das ist mir auch schon aufgefallen. In letzter Zeit lasse ich mich leicht ablenken und kann mich nicht so gut konzentrieren.
Chef: Sagen Sie mal, was haben Sie sich eigentlich dabei gedacht, den Fall Maier so lange liegen zu lassen? Und überhaupt. Die Entscheidung, die Sie in diesem Fall getroffen haben, ist ja wohl auch nicht gerade im Sinne unserer Gesellschaft.
Florian: Sie haben Recht. In letzter Zeit wächst mir meine Arbeit etwas über den Kopf. Vielleicht hätte ich im Fall Maier wirklich anders entscheiden sollen.
Chef: Ich hoffe, dass das nicht noch öfter passiert und Sie in Zukunft etwas mehr die Interessen unserer Gesellschaft berücksichtigen.
Florian: Das hoffe ich auch. Ich werde mir Mühe geben.

Beachten Sie bitte bei diesem Gesprächsausschnitt: Es handelt sich bei der Kritik des Chefs um berechtigte Kritik und Florian weiß das. Natürlich hätte Florian dem Chef seine familiären Probleme erklären können in der Hoffnung, der Chef hätte dann Verständnis für seine Probleme am Arbeitsplatz. Es ist jedoch ein Zeichen größerer Selbstsicherheit, wenn man keine Entschuldigungen gebraucht und offen und ehrlich zugibt, dass man Mist gebaut hat. Auch ist es zweifelhaft, ob es den Chef interessiert, welche Probleme sein Mitarbeiter hat. Der Chef ist möglicherweise nur daran interessiert, dass Florian gute Arbeit leistet. In diesem Fall wäre es für Florian nachteilig, wenn er sein schlechtes Arbeitsverhalten durch familiäre Probleme entschuldigen würde. Sein Chef könnte das als Versuch ansehen, sich vor der Verantwortung für seine schlechte Leistung zu drücken.

Möglicherweise ist Ihnen bei der »Nebelbank-Methode«, und der »Methode der negativen Selbstsicherheit«, die Frage in den Sinn gekommen, ob es klug ist, dem anderen Recht zu geben, oder ob man damit nicht erst recht dem anderen Tür und Tor öffnet, einen noch mehr zu kritisieren. Meine Erfahrung ist gegenteilig. Die meisten Menschen betrachten es als ein Zeichen großer Selbstsicherheit, wenn man zu seinen Fehlern steht. Das nötigt ihnen Respekt ab, weil sie sehr viel häufiger erleben, dass ihre Kritik mit Gegenkritik beantwortet wird oder der Kritisierte versucht, die Verantwortung für sein Handeln auf andere abzuwälzen. Abgesehen davon merken sie an den selbstsicheren Reaktionen, dass man durch Kritik nicht einzuschüchtern oder zu manipulieren ist, und das verdirbt ihnen den Spaß daran.

Vielleicht hat Florians Zustimmung in Ihren Augen auch etwas von Unterwürfigkeit an sich und Sie empfinden seine Reaktion wie die eines kleinen Schuljungen, der brav sagt: »Jawohl, Herr Lehrer.« Mag sein, dass Sie Recht haben. Möglicherweise liegt das aber auch daran, dass Sie gelernt haben, nachzugeben oder einem anderen Recht zu geben sei ein Zeichen von Schwäche. Ich dagegen betrachte das Eingeständnis von Fehlern, die man tatsächlich gemacht hat, als ein Zeichen von Stärke. Aber ehe wir lange theoretisieren: Warum probieren Sie es nicht einmal aus und schauen, was dabei herauskommt?

Die drei Methoden (Schallplatte-mit-Sprung, Nebelbank und negative Selbstsicherheit) lassen sich auch miteinander kombinieren. Zu Übungszwecken ist es jedoch ratsam, jede dieser Methoden zunächst getrennt zu trainieren. Wenn Sie die drei Methoden beherrschen, dann macht es Ihnen auch keine Mühe, sie miteinander zu verbinden.

Wenn Sie sich bei Kritik schnell verletzt fühlen und Sie sich ein dickes Fell zulegen wollen, dann schauen Sie in das

Buch »Ab heute kränkt mich niemand mehr« von Doris Wolf.

Was möchte ich mir merken?

1 ....

2 ....

3 ....

4 ....

5 ....

14
Mögliche Hürden, wenn Sie beginnen, selbstsicher aufzutreten

Menschen, die Sie kennen, wissen, wie Sie in bestimmten Situationen reagieren, welches Ihre wunden Punkte sind, an denen sie Sie packen und damit manipulieren können, kurzum, für die anderen ist Ihr Verhalten in gewisser Weise vorhersagbar und berechenbar. Die anderen, vor allem der Partner, die Kinder und die Freunde wissen, wann es Ihnen schwer fällt, sich durchzusetzen, und wie sie es anpacken müssen, um Sie zu manipulieren.

Wenn Sie nun Ihr Verhalten ändern, dann werden diese Menschen erst einmal vor den Kopf gestoßen sein. Vielleicht kommen Ihnen einige der Sätze vertraut vor: *»Was ist los mit dir? Du bist doch sonst nicht so stur.«, »Ist dir eine Laus über die Leber gelaufen?«, »Dich hat wohl der Teufel geritten.«, »Du hast mir doch sonst auch geholfen, ohne so ein Theater zu machen.«, »Mein Gott, stell dich doch nicht so an.«, »Du liebst mich wohl nicht mehr.«, »Du hast dich ganz schön zu deinem Nachteil verändert.«, »Du bist plötzlich so egoistisch und herzlos.«*

Solche Sätze sollen Sie gefügig machen, sollen bewirken, dass Sie wieder der manipulierbare Mensch werden, auf dem man herumtrampeln und den man ausnutzen kann. Solche Sätze sollen Ihnen das Gefühl geben, dass Sie im Unrecht sind. Mit solchen Reaktionen müssen Sie rechnen. Die anderen kennen Sie schließlich anders. Die anderen sind es gewohnt, dass Sie sich einschüchtern und manipulieren lassen. Durch Ihr selbstsicheres Auftreten haben die anderen Nachteile. Der Freund, der es bisher gewohnt war, von Ihnen immer Geld geliehen zu bekommen, steht plötzlich im Regen. Er hat sich darauf verlassen, dass Sie sich auch dieses Mal manipulieren lassen. Der Partner muss auf einen Teil seiner Bequemlichkeit verzichten, wenn Sie darauf bestehen, dass er sich an der Hausarbeit beteiligt.

Ihre Umgebung wird auf die Annehmlichkeiten und Vorteile, die sie dadurch hatte, dass Sie sich nicht getrauten, selbstsicher aufzutreten, nicht kampflos verzichten. Ihre Lieben werden vielleicht drohen, fluchen und wie die Weltmeister versuchen, dass Sie wieder »die Alte« oder »der Alte« werden. In dieser Zeit wird Ihr selbstsicheres Verhalten auf eine harte Bewährungsprobe gestellt und manches Mal werden Sie nachgeben, weil Sie auf Grund Ihrer Angst vor Ablehnung von Ihrem Recht auf selbstsicheres Verhalten keinen Gebrauch machen.

Viele Menschen, die lernen möchten, selbstsicher aufzutreten, ändern ihr Verhalten nicht, weil sie fälschlicherweise meinen, sie könnten nicht mit den negativen Reaktionen ihrer Umwelt leben. Aber eine verlorene Schlacht bedeutet nicht, dass Sie nicht fähig sind, selbstsicher aufzutreten. Sammeln Sie neue Kräfte, versuchen Sie es wieder, nehmen Sie einen neuen Anlauf.

Vor allem Partnerschaften werden in der ersten Zeit sehr strapaziert, wenn ein Partner ausbricht und sich ändert. Der andere muss erst lernen, damit umzugehen. Auch sollten Sie Folgendes bedenken: Wenn man einen Partner heiratet, dann deshalb, weil man an ihm bestimmte Seiten mag und weil der Partner bestimmte Bedürfnisse von einem befriedigt. Man geht mit dem anderen eine Beziehung ein, weil man dadurch Vorteile hat. Ich weiß, das klingt nicht sehr romantisch, aber so ist es. Wenn ein Partner sich nun ändert, dann fallen diese Vorteile möglicherweise weg und der andere fragt sich (aus seiner Sicht mit Recht), wozu er überhaupt noch mit dem anderen zusammen ist. Nicht selten gehen Partnerschaften in die Brüche.

Aus meiner Erfahrung mit meinen Klienten weiß ich, dass solche Konflikte unvermeidbar sind. Sie müssen also das Risiko eingehen, erst einmal auf Ablehnung zu stoßen, wenn Sie selbstsicher auftreten. Überlegen Sie jedoch eines: Wie viel ist eine Beziehung wert, die der andere leichtfertig und schnell aufgibt, nur weil Sie nicht mehr bereit sind, sich herumkommandieren und herumstoßen zu lassen? Was ist das überhaupt für eine Beziehung, in der sich der eine auf Kosten des anderen ein schönes Leben macht?

Damit die Beziehung nicht in die Brüche geht, muss auch der andere sich ändern. Er muss sich umstellen, muss sich auf den »neuen« Partner einstellen, muss bereit sein, um des anderen Glückes willen auf Vorteile zu verzichten, die er bislang durch Manipulation und auf Kosten des anderen hatte.

Über das Ziel hinausschießen

Wenn man beginnt, selbstsicher aufzutreten, obwohl man sich noch unsicher fühlt, dann passiert es einem zu Beginn häufig, dass man zu forsch und ungestüm ist und deshalb eher aggressiv als selbstsicher wirkt. Das ist völlig normal, wenn man selbstsicheres Auftreten einstudiert. Aus Angst, den Kürzeren zu ziehen, und weil man noch nicht über die entsprechende innere Sicherheit und das notwendige Selbstvertrauen verfügt, kann man sein Verhalten auch nicht angemessen dosieren. Das sollte Sie nicht davon abhalten, weiter daran zu arbeiten, selbstsicherer aufzutreten.

Mit zunehmender innerer Selbstsicherheit werden Sie das aggressive Verhalten ablegen und an dessen Stelle wird ein selbstsicheres Auftreten zum Vorschein kommen.

Situationen, in denen es nicht (immer) angebracht ist, selbstsicher aufzutreten

Manch einer wird sich gefragt haben, ob es immer sinnvoll ist, von seinen Rechten Gebrauch zu machen, oder ob es manchmal nicht besser wäre, man würde nachgeben, auch wenn man im Recht ist.

In der Tat gibt es Situationen, in denen es unangebracht und geradezu töricht wäre, würde man versuchen, sich durchzusetzen. Wie bei allem gibt es Ausnahmen. Die naheliegendste Ausnahme ist, wenn andere uns körperlich überlegen sind und die Wahrscheinlichkeit groß ist, dass sie davon Gebrauch machen, wie im Falle von Rockern, alkoholisierten Menschen oder gewalttätigen Ehemännern.

Eine weitere Ausnahme liegt im Umgang mit Polizisten vor. Sie verschlimmern Ihre Lage wahrscheinlich nur, wenn Sie etwa die »Schallplatte-mit-Sprung-Methode« anwenden oder etwas von Beamtenwillkür und Polizeistaat reden. Auch wenn der Polizist tatsächlich willkürlich gehandelt und seine Befugnisse überschritten hat, ist es in solchen Fällen meist das Klügste, sich im Moment zu fügen. Sie können sich danach überlegen, ob Sie eine Dienstaufsichtsbeschwerde gegen diesen Polizisten einlegen.

Auch im Umgang mit Behörden mag es manchmal angebracht sein, seinen Mund zu halten. Beamte können einen schikanieren, ohne dass man etwas dagegen tun kann, einfach dadurch, dass sie sich genau an die Buchstaben des Gesetzes halten. Sie können Vorgänge verzögern und verschleppen, sodass man sich ins eigene Fleisch schneidet, wenn man allzu selbstsicher auftritt. Das heißt nicht, dass man den unterwürfigen Bürger spielen sollte. Aber man muss sehr viel mehr als bei anderen sozialen Situationen abwägen, ob und was es bringt, wenn man Beamten selbstsicher gegenübertritt. Nach dem Motto zu handeln »Du wirst von meinen Steuern bezahlt, also tu' was«, mag manchmal der falsche Weg sein.

Eine besonders heikle Situation ist auch der Umgang mit den Vorgesetzten. Hat man einen cholerischen Chef, dann ist es nicht ratsam, ihn durch selbstsicheres Verhalten in einem Wutanfall noch mehr zu provozieren.

Was möchte ich mir merken?

1 ....

2 ....

3 ....

Dein Wert als Mensch
hängt nicht von der Anerkennung
oder Ablehnung der anderen ab.
Es sind deine Gedanken,
die dich wertvoll oder wertlos
fühlen lassen.

Die Kritik anderer
kann dir also nichts anhaben,
wenn du dich für wertvoll und
liebenswert hältst.

15 Spezielle Selbstsicherheitsprobleme von Frauen

Warum ein Kapitel speziell für Frauen? Gelten für Männer und Frauen verschiedene Rechte? Die Fragen sind schnell beantwortet. Frauen haben einige Selbstsicherheitsprobleme, die Männer nicht haben. Dies hängt mit der unterschiedlichen Erziehung zusammen und mit dem Selbstbild, das die meisten Frauen von sich haben.

Wir leben zwar im 21. Jahrhundert und man sollte meinen, gegenüber vor 100 Jahren habe sich einiges im Rollenverständnis geändert, doch dem ist leider nicht so. Zwar ist das Rollenverhalten etwas aufgeweicht und nicht mehr ganz so starr wie früher, doch Tatsache ist, Frauen haben in den Augen vieler Männer und in ihren eigenen Augen noch lange nicht die gleichen Rechte wie Männer.

Frauen werden auch heute noch immer, bewusst oder unbewusst, eher dazu erzogen, passiv, zurückhaltend, anpassungsfähig, abhängig, nicht konkurrierend, fürsorglich, geduldig und sanft zu sein, und genau so wünschen sich viele Männer eine Frau, denn nur dann ist gewährleistet, dass die Männer das Sagen haben, nur dann sind sie die Macher und fühlen sich in ihrer traditionellen Rolle bestätigt.

Entspricht eine Frau nicht diesem Rollenklischee, dann ist der Mann meist sehr stark verunsichert. Nicht nur Frauen müssen sich emanzipieren, auch Männern täte das sehr gut.

Männer müssen sich, wie auch Frauen, von bestimmten Rollenklischees frei machen und zu einer männlichen Selbstsicherheit gelangen, die aus ihnen selbst kommt und nicht aus der eingebildeten oder tatsächlichen (körperlichen) Überlegenheit über die Frauen.

Die Ursache dafür, dass Frauen sich immer noch schwer tun, sich durchzusetzen, liegt in einem negativen Selbstbild, das aus der Erziehung und den Erfahrungen resultiert, die sie als Kinder mit Autoritäten wie Eltern und Lehrern machten. So wird in Märchen wie Aschenputtel, Dornröschen oder Schneewittchen ein Bild von unselbstständigen Frauen gezeichnet. Frauen brauchen darin Männer, die sie von ihrem Elend befreien. Sie sind dazu nicht selbst in der Lage.

Eltern gestehen in der Regel Mädchen viel weniger zu, sich durchzusetzen, als Jungen. Für einen Jungen ist es eher akzeptabel oder wird sogar erwartet, dass er sich rauft und dass er trotzt. Für Mädchen »geziemen« sich solche Verhaltensweisen nicht. Mädchen spielen mit Puppen, Jungen mit Kriegsspielzeug oder mit Autos. Mädchen müssen im Haushalt mithelfen, Jungen sind in der Regel immer noch davon befreit.

Als Erwachsene haben viele Frauen das unbestimmte Gefühl, mit ihnen stimme etwas nicht, sie seien weniger wert und wichtig, seien weniger kompetent als Männer und sie seien auf Männer angewiesen. Sie haben ein schlechtes Gewissen, wenn sie beim Sex die Initiative ergreifen. Sie verzichten zu Gunsten der Ausbildung des Mannes auf eine eigene Karriere, sie tun sich schwer, sich am Arbeitsplatz gegenüber Männern durchzusetzen aus Angst, als zickig, emanzenhaft oder unweiblich angesehen zu werden, sie halten Ärger für eine unweibliche Reaktion. Sie haben Schuldgefühle, wenn sie darauf bestehen, die gleichen Rechte zu haben wie Männer. Sie halten Hausarbeit und

Kindererziehung für weniger wichtig und wertvoll und haben infolgedessen Probleme, finanzielle Ansprüche zu stellen. Sie kümmern sich immer zuerst um die Bedürfnisse der anderen und haben ein schlechtes Gewissen, wenn sie auch nur daran denken, eigene Bedürfnisse zu äußern, und sei es nur, die Füße hochzulegen und sich von der ermüdenden Hausarbeit zu erholen. Sie betrachten sich eher als Anhängsel von Männern denn als gleichberechtigte Partnerinnen. Sie haben das Gefühl, sie müssten ihre Existenz immer verteidigen und rechtfertigen. Sie haben viele *»Es gehört sich nicht für eine Frau ...«* oder *»Eine Frau sollte ...«* in ihrem Kopf. Natürlich haben auch Männer solche Bilder und Phantasien in ihrem Kopf, wie sie sein sollten und wie nicht. Doch das ist ein anderes Thema.

Einige »typisch« weibliche Verhaltensweisen nicht selbstbewusster Frauen

1. Frauen gehen nicht oder ungern alleine aus.
Viele meiner Klientinnen, ob nun verheiratet oder Single, haben große Hemmungen, sich alleine in ein (Straßen-)Café zu setzen. Ihre Hemmungen sind die Folge von Gedanken wie: *»Was werden die anderen denken, wenn ich alleine dorthin gehe? Die denken bestimmt, dass mit mir etwas nicht stimmt. Die denken, dass ich keinen Mann abgekriegt habe. Sonst würde ich ja nicht alleine ausgehen. Das könnte ich nicht ertragen. Die anderen denken bestimmt, ich bin auf Männerfang.«*

Die Hemmung, sich alleine in ein Café zu setzen, kommt also durch die Unsicherheit über die eigene Person. Diese Frauen halten es für einen Makel, alleine zu sein, und haben das Gefühl, mit ihnen stimme etwas nicht. Auch schämen sie sich dafür, dass sie einen Partner suchen, und halten diesen Wunsch für etwas Unanständiges.

Wenn Sie die Freiheit haben möchten, sich alleine in ein Café oder Restaurant zu setzen, dann müssen Sie bei Ihrem Selbstbild beginnen. Wenn Sie keinen Partner haben und einen suchen, dann befreien Sie sich von der Einstellung *»Ohne einen Mann bin ich weniger wert.«* bzw. von der Einstellung *»Wenn man keinen Partner hat, dann kann mit einem etwas nicht stimmen.«.* Entsprechen diese beiden Einstellungen den Tatsachen oder helfen sie Ihnen, sich so zu fühlen und zu verhalten, wie Sie möchten? Nein. Es sind also keine selbstsicheren und hilfreichen Einstellungen. Die würden etwa so aussehen: *»Ich bin auch wer ohne einen Mann. Die Tatsache, dass ich keinen Partner habe, sagt nichts über meinen Wert aus. Mein Wunsch, einen neuen Partner kennen zu lernen, ist nichts, wofür ich mich schämen muss. Ich habe ein Recht darauf.«*

Gehen Sie mit dieser Einstellung bei nächster (!) Gelegenheit in ein Café, auch wenn Sie sich unwohl fühlen. Ihr ungutes Gefühl wird sich erst mit der Zeit verlieren, wenn Sie zum 20. oder 50. Mal alleine in ein Café gegangen sind. Es wird nicht vergehen, wenn Sie nur darüber nachdenken.

Ein häufiger Einwand:
»Aber wenn ich mich doch so fühle, als ob mit mir etwas nicht stimmt, dann kann ich mir doch nicht gerade das Gegenteil davon einreden.«
Doch, Sie können und Sie müssen es sogar, wenn Sie dieses ungute Gefühl loswerden wollen. Sie fühlen sich nämlich nur so, weil Sie sich die ganze Zeit eingeredet haben, dass mit Ihnen etwas nicht stimme. Sie können dieses Gefühl ablegen, wenn Sie sich etwas anderes erzählen. Denken Sie an die fünf Worte aus Kapitel 6: Sie fühlen, wie Sie denken.

2. Frauen beanspruchen für sich weniger, als sie dem Mann zugestehen.

Marianne bestellt in einem Lokal immer billigere Speisen als ihr Mann. Da ihr Mann das Geld verdient, glaubt sie, es stehe ihr nicht zu, genauso viel Geld auszugeben wie ihr Mann. Sie findet das zwar auf der einen Seite ungerecht und ärgert sich über sich selbst, dass sie so »blöd« ist, weniger für sich zu beanspruchen, andererseits aber hält sie ihr Glaube, es nicht verdient zu haben, davon ab.

Nehmen Sie sich etwas Zeit und überlegen Sie sich, wo und wann Sie dazu neigen, weniger für sich zu beanspruchen, als Sie Ihrem Partner zugestehen. Beginnen Sie, für sich das gleiche Recht in Anspruch zu nehmen, wie Sie es auch Ihrem Partner zugestehen. Sie müssen bewusst darangehen, sich Ihren Teil vom Kuchen abzuschneiden, da Sie sonst wieder ein Opfer Ihrer Gewohnheit werden, sich mit weniger zufrieden zu geben. Halten Sie sich vor Augen: *»Ich verdiene es, genauso viel für mich zu beanspruchen wie mein Mann, auch wenn er das Geld nach Hause bringt.«* Vielleicht hilft es Ihnen, sich Ihren Anteil zu nehmen, wenn Sie sich klar machen, wie viel Geld Sie und Ihr Mann ausgeben müssten, wenn Sie eine Haushaltshilfe oder einen Babysitter einstellen würden. In den meisten Fällen würde das Gehalt des Mannes nicht ausreichen, um eine solche Kraft zu bezahlen. Daran können Sie erkennen, wie viel Ihre Arbeit wert ist. Würden Sie Ihre Arbeitskraft als Hausfrau und Babysitter auf dem freien Arbeitsmarkt anbieten, dann würden Sie dafür sehr gut bezahlt. Ihr Problem ist wahrscheinlich nur, dass Sie sich Ihres Wertes nicht bewusst genug sind, und deshalb haben Sie Probleme, das »Geld Ihres Mannes« auszugeben.

3. Frauen können Ärger nur sehr schwer ausdrücken.

Petra ist Sekretärin in einer Spedition. Sie kann sich nicht gegen ihre männlichen Kollegen wehren, die ihr ständig Arbeiten geben, die nicht zu ihrem Aufgabenbereich gehören bzw. Sache der anderen sind. Dadurch ist sie ständig überlastet und es bleibt immer Arbeit liegen, obwohl sie auch am Wochenende ins Büro geht. Sie fühlt sich ausgenutzt und hat sowohl auf sich selbst als auch auf die anderen eine riesige Wut. Sie getraut sich aber nicht, die anderen ihren Ärger spüren zu lassen und Nein zu sagen, aus Angst, von ihren männlichen Kollegen nicht mehr akzeptiert zu werden. »Ich könnte es nicht ertragen, in einem Büro zu arbeiten, in dem ich das Gefühl hätte, die anderen könnten mich nicht leiden. Das wäre unerträglich für mich.« Petra hatte einen sehr autoritären Vater, der obendrein noch Alkoholiker war. Ihre Mutter und sie wussten nie, wie der Abend verlaufen würde. Häufig war der Vater betrunken und drohte dann, sie oder ihre Mutter zu verprügeln, wenn sie nicht gehorchten. Petra fühlte sich jedes Mal hilflos und ausgeliefert. Deshalb versucht sie auch heute noch, jedem Streit aus dem Weg zu gehen, indem sie ein »braves Mädchen« ist.

Frauen haben in der Regel ein größeres Bedürfnis nach Harmonie und Frieden als Männer. Sie neigen mehr als Männer dazu, gute Miene zum bösen Spiel zu machen. Während Männer schon mal mürrisch und aufgebracht reagieren und so ihrem Ärger Luft machen, versuchen Frauen sehr häufig, sich in der Kontrolle zu haben und heiter, tolerant und gelöst zu wirken. Frauen befürchten auch mehr als Männer, es sich mit anderen zu verscherzen und Sympathien zu verlieren. Diese Verhaltensmuster, das Sich-Kontrollieren und das Nach-außen-hin-gelöst-Wirken, kosten jedoch nicht nur eine Menge Kraft, sie vergiften auf Dauer auch eine Beziehung – denn wer kann seinen Ärger und Frust schon auf Dauer unterdrücken? Ein tropfender Wasserhahn oder die schmutzige Kaffeetasse, die nicht weggeräumt wurde, genügen dann schon, um das Fass zum Überlaufen zu bringen, und ein handfester Krach ist im Gange.

Ärger ist ein Gefühl, das nicht vor Frauen Halt macht. Gestehen Sie sich also zu, ärgerlich sein zu dürfen, ohne sich deshalb für unweiblich zu halten. Üben Sie zunächst bei für Sie relativ »ungefährlichen« Personen, Ihren Ärger auszudrücken, indem Sie sagen: *»Ich bin jetzt verärgert, weil mir ... nicht gefällt.«* Sagen Sie dem anderen genau, was Sie an seinem Verhalten stört. Beschuldigen Sie jedoch den anderen nicht, sonst verteidigt er sich nur. Es geht also darum, dass Sie Ihren Unmut äußern, anstatt ihn in sich hineinzufressen. Damit haben Sie sich noch nicht durchgesetzt bzw. dem Verhalten des anderen noch keinen Riegel vorgeschoben. Dies wäre dann der nächste Schritt, indem Sie den anderen bestimmt bitten, das zu unterlassen, was Sie stört.

4. Frauen können mit Aggressionen anderer schlecht umgehen.

Männer benehmen sich manchmal wie Neandertaler: Sie toben und schreien, machen Drohgebärden oder werden gar handgreiflich. Bei solchen steinzeitlichen Verhaltensweisen bekommen es selbst nicht so gestandene Männer mit der Angst zu tun – was ja auch Sinn und Zweck dieses Drohverhaltens ist. Für Frauen, die von klein auf zu Sanftheit und Nachgiebigkeit erzogen werden, die nicht wie Jungen dazu erzogen wurden, sich zu wehren, sind solche Männer jedoch ein absoluter Albtraum. Frauen fühlen sich in einer solchen Situation in der Regel völlig hilflos und sie fühlen sich schuldig, den Zorn der »Götter« provoziert zu haben und bei ihnen in Ungnade gefallen zu sein.

Männer setzen dann den Neandertaler in sich als »Waffe« ein, wenn alle anderen Versuche, ihren Willen durchzusetzen, fehlgeschlagen sind. Vom Umgang mit der körperlichen Überlegenheit der Männer abgesehen, haben viele Frauen auch nicht gelernt, wie man sich gegenüber aggressiven und lauten Mitmenschen verhält, und so erreichen Männer meistens, was sie mit diesem Verhalten bezwecken.

Wie verhält man sich gegenüber einem Neandertaler? Genauso wie gegenüber einem Elefanten. Man lässt ihm viel Raum und geht ihm aus dem Weg. Wenn Ihr Mann schreit und droht, dann ist es das Beste, Sie verlassen den Raum oder die Wohnung. Das mag bei ihm zwar bewirken, dass er sich erst recht wie ein Wilder aufführt, aber einen anderen Weg gibt es nicht – ausgenommen, Sie tragen den schwarzen Gürtel in Karate. Mit jemandem, der außer sich ist, kann man nicht vernünftig reden und jeder Versuch kann nur zur Folge haben, dass Sie neues Öl auf das Feuer gießen. Das Beste ist, man wartet ab, bis sich der andere beruhigt hat und wieder klar denken kann.

Was aber tun, wenn Ihr Mann dazu neigt, gewalttätig zu werden? Ein erschreckend hoher Prozentsatz von Frauen (man geht von 30% bis 40 % aus) lässt sich regelmäßig durch Schläge und Psychoterror misshandeln. Warum unternehmen diese Frauen nichts? Warum verlassen sie ihre prügelnden Männer nicht? Das hat mehrere Gründe: Frauen sind in der Regel auf Grund ihres traditionellen Rollenverständnisses eher bereit, die Ehe um jeden Preis zu erhalten. Ein anderer Grund ist häufig finanzieller Art und die damit verbundene ungewisse Zukunft. Da immer noch viele Frauen finanziell abhängig sind, können sie nicht einfach ihren Koffer packen und ausziehen. Sie fühlen sich nicht in der Lage, ihr Leben alleine zu meistern. Auch der Anspruch vieler Frauen, ihren Kindern ein intaktes Elternhaus bieten zu müssen, spielt hierbei eine Rolle. Andererseits erweist man meiner Meinung nach den Kindern einen größeren Dienst, sie ohne Vater aufwachsen zu lassen, als sie ständig mitansehen zu lassen, wie sich die Eltern streiten und der Vater die Mutter verprügelt.

Für den Fall, dass auch Ihr Mann handgreiflich wird, empfehle ich Ihnen, einen Notfallkoffer bereitzuhalten, in dem Sie alles für ein sofortiges Verlassen der Wohnung parat haben. Informieren Sie sich über Frauenhäuser in Ihrer Stadt, treffen Sie mit einer Freundin, deren Name und Anschrift Ihr Mann nicht kennt (!), eine Absprache, dass Sie bei ihr für ein oder zwei Nächte bleiben können. Legen Sie sich heimlich etwas Geld beiseite, mit dem Sie sich für einige Tage über Wasser halten können.

Wenn Ihr Mann Sie wiederholt geschlagen hat und Sie beim »nächsten Mal« nicht mehr zu ihm zurückkehren wollen, dann treffen Sie Vorbereitungen für eine Nacht-und-Nebel-Aktion: Heben Sie an dem Tag, an dem Sie ihn verlassen wollen, von Ihrem gemeinsamen Konto so viel ab wie nur möglich. Wenn Sie kein gemeinsames Konto haben oder Ihr Mann Ihnen den Zugang zu seinem Konto verwehrt, dann nehmen Sie alles aus Ihrer Wohnung mit, was Sie zu Geld machen können (Schmuck, Bilder, Silberbesteck usw.), und gehen damit in ein Pfandhaus und versetzen es. Sentimentalitäten sind hier fehl am Platz. Es geht um Ihr Leben und Ihre Würde als Mensch. Verlassen Sie die Wohnung, während er bei der Arbeit ist. Nehmen Sie sich in einer billigen Pension oder in der Jugendherberge ein Zimmer und machen Sie sich sofort auf die Wohnungssuche oder schauen Sie, ob Sie in einem Frauenhaus unterkommen können. Das Wichtigste aber ist: Teilen Sie niemandem, den Ihr Mann kennt und auf dessen Verschwiegenheit Sie sich nicht 100%ig verlassen können, Ihre Anschrift mit. Sie können Ihrem Mann eine Nachricht hinterlassen, dass Sie ihn verlassen haben, aber teilen Sie ihm unter gar keinen Umständen – und wenn er auch noch so bettelt und gelobt, sich zu bessern – Ihre neue Anschrift mit. Sie würden den größten Fehler Ihres Lebens begehen. Eine sehr große Hilfe – sogar finanzieller Art – kann Ihnen ein Verein sein, der sich Weißer Ring nennt. Dieser Verein, der bundesweit 200 Außenstellen hat, hilft Frauen in Not. Im Anhang ist eine Telefonnummer aufgeführt, unter der Sie erfahren, wo in Ihrer Nähe die nächste Stelle ist.

5. Frauen äußern ihre Wünsche oft indirekt.
Statt offen zu sagen *»Ich möchte …«*, greifen viele Frauen zu Andeutungen und Bemerkungen, in der Hoffnung, ihr Partner werde diese als Wunsch erkennen und ihnen auch erfüllen: *»Es ist etwas kühl hier, oder?«* statt *»Mach' bitte die Heizung an«* (oder sie selbst anzumachen). *»Heute Abend kommt im Ersten ein Film mit Brad Pitt«* statt *»Heute Abend musst du auf deine Sportschau verzichten, ich will den Film mit Brad Pitt sehen«. »Ist heute nicht ein tolles Fahrradwetter?«* statt *»Ich möchte bei diesem Wetter nicht drinnen sitzen. Ich möchte mit dem Rad wegfahren. Kommst du mit?«*.

Da es einiger hellseherischer Fähigkeiten bedarf, um indirekt geäußerte Wünsche als solche zu erkennen, gehen Frauen, die ihre Wünsche indirekt äußern, oft leer aus. Sie sind dann deprimiert und greifen vielleicht zu einem passiv-aggressiven Verhalten, einer überwiegend bei Frauen anzutreffenden Eigenschaft, auf die ich unten noch eingehe.

Übernehmen Sie die Verantwortung für Ihre Bedürfnisse und äußern Sie sie direkt. Dies ist zwar keine Garantie dafür, dass Ihre Wünsche auch immer erfüllt werden, aber wer nicht fragt, kann auch nichts bekommen. Haben Sie in letzter Zeit etwas von einem Versandhaus bekommen? Nein? Dann liegt es wahrscheinlich daran, dass Sie nichts bestellt haben. Der andere wird Ihnen schon nicht den Kopf abreißen, wenn Sie offen und direkt sagen, was Sie möchten. Versuchen Sie es. So schlecht sind Männer auch wieder nicht. Wenn ich meine Klientinnen auffordere, zu Hause mehr ihre Wünsche zu äußern, dann sind sie sehr oft erstaunt, wie leicht und problemlos ihre Männer darauf eingehen. Sicher, auch das Gegenteil ist möglich. Wenn Ihr Mann jedoch Probleme damit hat, dass nicht mehr alles nach seinem Willen geht, dann müssen Sie berücksichtigen, dass er Zeit braucht, um sich an die neue Situation zu gewöhnen. Niemand gibt gerne Annehmlichkeiten und jahrelang eingeräumte Freiheiten auf. Jeder wird für eine gewisse Zeit versuchen, den alten Zustand wiederzugewinnen. Beharrlichkeit und Geduld sind also auf Ihrer Seite notwendig, wenn Sie etwas daran ändern möchten.

Selbstsicher auftreten bedeutet immer,
das Risiko einzugehen,
auf Ablehnung zu stoßen.

6. Frauen sind passiv-aggressiv.
Da Frauen von klein auf lernen, dass es unweiblich ist, sich zu ärgern und seinen Willen durchzusetzen, und aus Angst, andere vor den Kopf zu stoßen und sich unbeliebt zu machen, flüchten sich viele Frauen in ein Verhalten, durch das sie mit »Regeln« umgehen können, ohne sie offen abzulehnen. Auch greifen Frauen gerne zu diesem Verhalten, weil sie – im Gegensatz zu Männern – ein viel größeres Bedürfnis nach Harmonie und Frieden haben bzw. mit Konflikten nicht so gut leben können.

Inge fühlt sich von ihrem Mann unterdrückt und bevormundet. Sie getraut sich jedoch nicht, ihren Ärger direkt auszudrücken oder sich zu behaupten. Stattdessen rächt sie sich damit, dass sie – wegen angeblicher Kopfschmerzen – nicht mit ihm schläft und genau weiß, dass dies für ihn schlimm ist. Oder sie kleidet sich bewusst so, wie es ihr Mann nicht mag. Sie macht ihre Hausarbeit, aber nur das Nötigste, statt wie früher z.B. ihren Mann mit seinem Lieblingsessen zu verwöhnen. Es passieren ihr häufig kleine Missgeschicke wie etwa, dass sie etwas »vergisst« oder das Essen lauwarm oder zu stark gesalzen ist. Sie macht also nach außen hin alles, was von ihr erwartet wird, widersetzt sich aber gleichzeitig und rächt sich andererseits für sein vermeintlich autoritäres Verhalten.

Solch ein Verhalten ist keine Lösung für Ihr Problem. Im Gegenteil: Sie vergrößern Ihre Probleme dadurch. Nicht nur Sie sind dann weiterhin unzufrieden – sieht man einmal von der zweifelhaften Genugtuung ab, sich gerächt zu haben –, Ihr Partner ist es auch. Unterdrückter Ärger kann eine Beziehung genauso vergiften wie die grausamsten Worte.

Ärger ist nicht nur Männern vorbehalten. Jeder Mensch verspürt Ärger. Betrügen Sie sich also nicht selbst, indem Sie sich einreden, dass Sie nicht verärgert sind, wenn Sie es in Wirklichkeit doch sind.

Beginnen Sie zunächst, sich darin zu üben, sich aufkommenden Ärger zuzugestehen. Wenn Sie verärgert sind und ein schlechtes Gewissen haben, weil Sie sich sagen: *»Ich sollte mich darüber nicht aufregen«*, dann machen Sie sich klar: *»Ich habe ein Recht darauf, mich zu ärgern. Ich habe ein Recht darauf, mich über jemanden oder etwas zu ärgern.«*

Der nächste Schritt besteht darin, dem anderen mitzuteilen, dass Sie verärgert sind – auch wenn Sie Angst haben, der andere könnte Ihnen das übel nehmen. Sagen Sie: *»Ich ärgere mich darüber, dass …«* Sagen Sie dem anderen ganz genau, was Sie an seinem Verhalten stört und was Sie geändert haben möchten. Es geht nicht darum, dem anderen Vorwürfe zu machen oder seine Person anzugreifen. Es geht nur darum, ihn wissen zu lassen, wie sein Verhalten bei Ihnen ankommt. Ihre Angst, der andere könnte es Ihnen übel nehmen, müssen Sie erst einmal in Kauf nehmen. Je öfter Sie sich darüber hinweggesetzt haben, desto größer wird Ihr Selbstbewusstsein und desto mehr wird die Angst verschwinden. Wenn Sie darauf bestehen, dass erst Ihre Angst vor negativen Reaktionen verschwinden muss, ehe Sie den anderen Ihren Ärger mitteilen können, dann warten Sie vergebens. Sie verlieren Ihre Angst nur dadurch, dass Sie genau das tun, wovor Sie Angst haben.

7. Frauen haben ein schlechtes Gewissen, wenn durch ihre berufliche Tätigkeit der Mann, die Kinder oder der Haushalt zu kurz kommen.

Durch die Doppelbelastung Beruf und Familie kommen oft familiäre oder häusliche Belange zu kurz. Kommt es zu Konflikten, etwa, dass sich der Mann beklagt, seine Frau vernachlässige den Haushalt oder die Kinder, dann haben die meisten Frauen ein schlechtes Gewissen bzw. haben das Gefühl, unfähig zu sein. Selbst wenn Frauen es schaffen, beide Bereiche unter einen Hut zu bringen, und sie es durch zusätzliche körperliche und psychische Anstrengung schaffen, beiden Aufgaben voll gerecht zu werden, haben sie dennoch oft Angst, von Seiten ihrer Männer oder Kinder könnten Klagen kommen. Sie fühlen sich so sehr für das Wohl der Familie verantwortlich, dass sie sich nur schwer von der traditionellen Rolle der Frau als Mutter und Hausfrau frei machen können. Die Folgen sind sehr häufig eine psychische und körperliche Überlastung, die auf Kosten der Gesundheit geht.

Das schlechte Gewissen bzw. die Angst vor Klagen der Familienmitglieder rührt von dem Verständnis her, das viele Frauen von ihrer Rolle als Frau haben. Sie haben in der Regel von ihren Eltern gelernt, dass ein Mann für das finanzielle Wohl der Familie zuständig ist und eine Frau für den Rest. Klagen der Familienmitglieder lassen bei vielen Frauen deshalb sofort das Gefühl aufkommen, eine schlechte Mutter oder Ehefrau zu sein – womit sie in der Falle sitzen. Auf der einen Seite »wissen« sie, dass es ihr Recht ist, arbeiten zu gehen, andererseits haben sie das Gefühl, etwas Unrechtes zu tun, und nur allzu oft versuchen sie, diesen Konflikt dadurch zu lösen, dass sie eine perfekte Mutter, Ehefrau und Angestellte sein wollen und sich dadurch körperlich und seelisch überfordern. Die Folgen sind gesundheitliche Probleme bis hin zu Erschöpfungsdepressionen.

Wenn Sie in Ihrem Leben sowohl eine Familie als auch (beruflichen) Erfolg haben möchten, dann müssen Sie sich bemühen, sowohl Ihre Einstellung als auch die Ihres Partners zu ändern. Ihre Einstellung, dass es sich für eine Frau nicht gehört, arbeiten zu gehen, und dass Sie eine schlechte Mutter und Ehefrau sind, wenn sich Familienmitglieder beklagen, müssen Sie durch die Einstellung ersetzen: *»Ich habe dasselbe Recht, mich beruflich zu verwirklichen wie mein Mann; Kindererziehung ist genauso gut Frauen- wie Männersache; Ich habe das Recht, dafür zu sorgen, dass es mir gut geht, auch wenn mein Mann und meine Kinder meutern, weil ich nicht immer und zu 100% auf ihre Wünsche eingehe.«* Und Sie müssen Ihrem Mann helfen, seine traditionelle Einstellung, der Platz einer Frau sei zu Hause, zu ändern. Gewiss, das ist ein hartes Stück Arbeit. Niemand gibt gerne Annehmlichkeiten auf, die er über Jahre genossen hat, und gerade das müssen Männer, wenn ihre Frauen arbeiten gehen. Dann müssen sie möglicherweise auch Hand im Haushalt anlegen, müssen bestimmte Aufgaben übernehmen. Ein Lernprozess, der nicht von heute auf morgen geht.

Sie müssen den Anforderungskatalog von Pflichten und Aufgaben, den Sie für sich (oder den Ihre Eltern für Sie) als Ehefrau und Mutter aufgestellt haben, durchschauen und daraufhin überprüfen, ob er Aufgaben enthält, die einem alten Rollenverständnis entsprechen, das nicht mehr zeitgemäß bzw. nicht mehr mit Ihrer beruflichen Rolle vereinbar ist. Sie müssen sich frei machen von Einstellungen wie: Hausarbeit und Kindererziehung sind alleine Frauensache; eine Frau sollte nicht mit Männern konkurrieren; eine Mutter sollte (ohne Rücksicht auf ihre eigenen Bedürfnisse) für ihre Kinder da sein usw.

Durch solche absolutistischen Forderungen machen Sie es sich schwer, sich zu emanzipieren, und wenn Sie es trotzdem tun, haben Sie ein schlechtes Gewissen. Da Sie solche Einstellungen, was eine Frau tun sollte und was nicht, nur gelernt haben, können Sie lernen, sich ein neues, zeitgemäßeres und Ihre Bedürfnisse besser berücksichtigendes Rollenverständnis anzueignen. Dieser Umlernprozess erfordert jedoch, dass Sie Ihre Einstellungen in Bezug auf das, was eine Ehefrau und Mutter tun sollte, immer wieder ganz bewusst in Frage stellen und sich bewusst um neue und hilfreiche Einstellungen bemühen, wie ich sie oben beispielhaft aufgeführt habe.

Wir kommen nun zu einem Bereich, in dem Männer und Frauen gleichermaßen sehr häufig Probleme haben: dem Sex. Schauen wir uns an, welche besonderen Probleme Frauen haben.

Ihre Rechte als sexuell selbstbewusste Frau

Aus meiner Erfahrung mit meinen Klientinnen weiß ich, dass viele Frauen sich grundlegende sexuelle Rechte verwehren. Sie tun das, weil sie sich durch ihre Erziehung in Bezug auf Sex bestimmte Normen und Verhaltensregeln angeeignet haben, die sex- und lustfeindlich sind.

Was haben Sie in Ihrer Kindheit über Sex gehört? Was hat Ihnen Ihre Mutter über Sex und das sexuelle Verhältnis zu Männern mit auf den Weg gegeben? Wie denken Sie über die nachfolgenden fünf Rechte, die sich sexuell selbstbewusste Frauen einräumen?

1. Ich habe das Recht, Sex zu genießen.
2. Ich habe das Recht, nicht mit (m)einem Mann zu schlafen, wenn ich keine Lust habe.
3. Ich habe das Recht, die Initiative zu ergreifen.

4. Ich habe das Recht, mich selbst zu befriedigen und dabei Spaß zu haben.
5. Ich habe das Recht, mir sexuelle Phantasien zu machen, die nichts mit meinem Partner zu tun haben, während ich mit ihm schlafe, auch wenn diese Phantasien »pervers« sind.

Haben Sie gegenüber diesen Rechten Vorbehalte oder Einschränkungen oder verwehren Sie sich gar eines dieser Rechte? Kein anderer Bereich ist so mit Schuld- und Schamgefühlen behaftet wie der sexuelle Bereich.

Wenn Sie sexuell nicht erfüllt sind, dann möglicherweise deshalb, weil Sie sich aus Scham- oder Schuldgefühlen eines dieser Rechte verweigern. Sie haben Angst, von Ihrem Partner als »pervers« oder »abnormal« verurteilt zu werden, wenn Sie ihm sagen oder zeigen, wie Sie befriedigt werden möchten. Ihre *»Ich sollte nicht ...«*- und *»Es gehört sich nicht«*-Gedanken hindern Sie daran, sich das zu nehmen, von dem Sie sich sexuelle Erfüllung versprechen.

Eigenschaften sexuell selbstbewusster Frauen

1. Sie kennen ihren Körper gut genug, um ihre sexuellen Wünsche zu kennen.
2. Sie haben ein gutes Verhältnis zu ihrem Körper. (Frauen, die ein gestörtes Verhältnis zu ihrem Körper haben, die ihren Körper nicht mögen, sind auch nicht fähig, sexuelle Erfüllung zu finden.)
3. Sie nehmen sich, was ihnen Spaß macht, bzw. teilen ihrem Partner mit, wie und was sie möchten. Sie erwarten nicht, dass der Mann Gedanken lesen oder an ihren Augen ablesen kann, was sie möchten.
4. Sie sind bereit, auf Kritik oder Ablehnung zu stoßen. Sie können das, weil sie sich sagen: »Ich habe das Recht, das zu tun, was mir Spaß macht, solange ich meinem Partner nicht dadurch schade.«

Was Sie tun können
Hinterfragen Sie Ihre sexual- und lustfeindlichen Einstellungen mit den beiden Regeln für selbstsicheres Denken und Verhalten und legen Sie sich sexuell befreiende Einstellungen zu. Streichen Sie Worte wie »pervers« oder »schweinisch« aus Ihrem Vokabular, wenn Sie an bestimmte sexuelle Praktiken denken, die Ihnen Spaß und Vergnügen bereiten.

Wenn Sie sexuell selbstbewusster auftreten, dann kann das (muss aber nicht!) erst einmal zu einer leichten Störung in der Beziehung zu Ihrem derzeitigen Partner führen.

Es gibt nicht wenige Männer, die Angst vor sexuell selbstsicheren Frauen haben. Sie fühlen sich in ihrer Männlichkeit gekränkt, wenn eine Frau die Initiative ergreift. Männer sind gerne die Macher – auch im Bett. Möglicherweise schlägt es ihm erst einmal auch auf die Potenz, wenn Sie aktiv werden, so wie es einem die Sprache verschlägt, wenn ein anderer dreist ist. Er wird sich wieder fangen. Lassen Sie sich deshalb keine grauen Haare wachsen. Sprechen Sie mit ihm und helfen Sie ihm, seine Angst abzubauen.

Selbstsicheres Auftreten am Arbeitsplatz

Frauen, die es beruflich zu etwas bringen möchten, müssen nicht nur mehr leisten und mehr auf dem Kasten haben als ihre männlichen Kollegen, sie müssen auch über eine selbstbewusste Körpersprache verfügen. Sie müssen in der Lage sein, ihr Territorium abzustecken, müssen anderen durch ihr Verhalten signalisieren, dass sie sich nicht unterdrücken lassen und im Gegenteil alles tun werden, um sich zu behaupten. Sie müssen Selbstvertrauen und Selbstbewusstsein ausstrahlen, müssen einen kompetenten Eindruck machen.

Frauen haben da oft Probleme, da sie eher dazu erzogen wurden, eine unterwürfige und bescheidene Haltung einzunehmen, nicht aufzufallen und zurückhaltend zu sein. Personalchefs sehen den Hauptgrund dafür, dass Frauen beruflich oft nicht vorankommen, darin, dass es den Frauen an Selbstbewusstsein mangelt. Frauen seien zu bescheiden und zu zurückhaltend. Sie täten sich schwer, sich in den Vordergrund zu schieben. Sie würden klare Stellungnahmen vermeiden und stattdessen von »wir« und »unsere Abteilung« sprechen. Während Männer ihre Leistungen und Erfolge preisen, würden Frauen nicht darüber sprechen.

Wenn Sie als Frau beruflich vorankommen möchten, dann müssen Sie also lernen, selbstbewusst aufzutreten. Beginnen Sie bei Ihrer Körperhaltung. Üben Sie vor dem Spiegel, aufrecht zu stehen. Verschränken Sie die Arme nicht, sondern lassen sie herunterhängen. Üben Sie, sich entspannt im Sessel oder Stuhl zurückzulehnen, die Arme locker neben sich auf die Lehne zu legen. Stellen Sie die Füße nebeneinander fest auf den Boden. Vermeiden Sie allzu häufiges Lächeln. Trainieren Sie, eine ernste Miene zu machen. Lassen Sie den anderen wissen, wenn Sie verärgert sind.

Untersuchungen zeigen, dass Frauen ihre Körpersprache und ihr Verhalten ändern, wenn sie sich mit Männern unterhalten. Sie nehmen dann – meist unbewusst und ganz automatisch – eine unterwürfige Haltung ein, sind eher zurückhaltend, lächeln viel, versuchen, durch ihren Charme den Mann einzuwickeln, flirten usw. Im privaten Bereich ist das völlig in Ordnung – nicht jedoch im beruflichen Bereich. Hier kommt es darauf an, sachlich zu sein, Kompetenz auszustrahlen, sich dem anderen gegenüber als gleichwertig zu zeigen und Stärke zu vermitteln – auch dann, wenn man sich innerlich schwach (!) fühlt. In einer Untersuchung zeigte sich, dass Männer es besser verstehen als Frauen, sich als etwas auszugeben, was sie nicht sind. Wenn Männer etwas nicht zu beherrschen glauben, dann geben sie trotzdem meistens vor, es zu können. Frauen sind da viel ehrlicher. Wenn sie glauben, etwas nicht zu können, dann sagen sie das auch – und sind dadurch gegenüber den Männern im Hintertreffen.

Gefühle spielen am Arbeitsplatz eine untergeordnete Rolle. In erster Linie zählen Leistung und Erfolg. Dies bringt Frauen manchmal in Schwierigkeiten, da von ihnen als Ehepartnerin erwartet wird, dass sie sich hingeben, fürsorglich und gefühlsbetont sind. Im Berufsleben sind diese Eigenschaften jedoch fehl am Platz. Wenn Sie Ihr Zuhause verlassen, dann müssen Sie quasi auch die liebevolle und fürsorgliche Partnerin und Mutter zu Hause lassen und in die Rolle der Geschäftsfrau schlüpfen. Eine nicht ganz leichte Aufgabe. Andererseits kennt jeder von uns dieses widersprüchliche Verhalten aus anderen Bereichen. Schließlich flegelt man sich, wenn man eingeladen ist, beim Gastgeber auch nicht auf das Sofa, so wie man das zu Hause tun würde.

Das heißt nun nicht, dass Sie wie die Männer werden und Ihre fraulichen Eigenschaften völlig unterdrücken sollen. Ich glaube, Frauen müssen vielmehr lernen, ihre anerzogenen fraulichen Qualitäten (Fürsorge, Bemühen um Ausgleich und Harmonie, Einfühlungsvermögen) mit einer guten Portion Selbstbewusstsein und Selbstvertrauen zu paaren. Ohne ihre weiblichen Qualitäten aufzugeben, können Frauen lernen, Stärke, Kraft und Überlegenheit auszustrahlen, wenn sie sich bewusst sind: *»Ich habe ein Recht auf gleiche Bezahlung und auf gleiche Aufstiegschancen wie Männer. Ich habe meine Ausbildung, bin qualifiziert und verdiene es deshalb, ebenso wie meine männlichen Kollegen gehört und respektiert zu werden.«*

Um mit Ihren männlichen Kollegen um bessere Bezahlung und bessere Stellungen konkurrieren zu können, müssen Sie auch so auftreten können, als hätten Sie die bessere Bezahlung oder die bessere Stelle verdient. Ihr Auftreten wird aber von dem Bild bestimmt, das Sie von sich haben. Arbeiten Sie also zuerst an Ihrem Selbstbild, d.h. daran, wie Sie sich sehen.

Wenn Sie sich selbst nicht für geeignet halten, wenn Sie glauben, nur andere hätten gute Ideen, wenn Sie Ihre Gedanken für nicht so wichtig halten, wenn Sie sich selbst und Ihre Fähigkeiten gering schätzen, dann können Sie keinen Blumentopf gewinnen.

Wenn du von dir überzeugt bist,
kannst du auch andere von dir überzeugen.

Wie Sie sich am Arbeitsplatz gegen unerwünschte sexuelle Annäherungen wehren können

Als ich eine Frau fragte, wie sie sich verhalten würde, wenn ihr Chef sie sexuell belästigen würde, sagte sie: »Es gehören immer zwei dazu.« Sie meinte damit, dass Frauen oft selbst durch ihr Verhalten dazu beitragen, wenn Chefs oder Kollegen sich an sie ranmachen, etwa indem sie mit den männlichen Kollegen flirten oder sie sich besonders aufreizend kleiden. Männer verstehen dies sehr leicht als Aufforderung, sich zu bedienen, zumal wenn eine Frau nicht in der Lage ist, selbstbewusst aufzutreten.

Selbstbewusst aufzutreten heißt in diesem Fall, dem anderen durch eigenes Verhalten und durch Worte ganz klar zu signalisieren: Bis hierher und nicht weiter. Dies ist bereits und gerade bei den ersten zaghaften Tastversuchen notwendig, die der Mann unternimmt, um zu sehen, wie weit er gehen kann. Um keine falschen Hoffnungen aufkommen zu lassen, müssen Sie bereits beim ersten Betatschen klar machen, dass das bei Ihnen nicht läuft. Sie können sagen: *»Ich arbeite gerne mit Ihnen zusammen, aber ich möchte unsere Beziehung nicht über die Arbeit hinaus ausdehnen.«*

Natürlich laufen Sie Gefahr, als zickig oder prüde angesehen zu werden. Doch damit müssen Sie leben. Immer noch besser, Sie werden für zickig gehalten, als dass Sie sich den Ruf schaffen, Sie seien für ein sexuelles Abenteuer eine leichte Beute.

Wenn Sie nicht vorhaben, mit einem Mann am Arbeitsplatz ein flüchtiges sexuelles Abenteuer einzugehen, dann sollten Sie auch nicht mit den Männern flirten. Viele Frauen tun das bewusst oder unbewusst am Arbeitsplatz, um sich die Gunst der Männer zu erhalten. Doch das ist der falsche Weg. Sie wurden nicht eingestellt, um das Betriebsklima zu verbessern, sondern um gute Arbeit zu leisten.

Was möchte ich mir merken?

1 ....

2 ....

3 ....

4 ....

5 ....

Wenn du Wünsche nicht äußerst,
weil du Angst hast, abgelehnt zu werden,
dann darfst du dich nicht wundern,
wenn sie unerfüllt bleiben.

Schlusswort

»Es sagt sich leicht, was schwer sich tut.« Dieses Sprichwort trifft auf das Erlernen selbstsicheren Verhaltens ganz besonders zu. Das Erlernen selbstsicheren Verhaltens bedarf der Übung. Wenn es so leicht wäre, sich über seine Hemmungen und Ängste hinwegzusetzen, dann hätten Sie es bereits getan – auch ohne Hilfe dieses Buches.

Deshalb möchte ich Sie an dieser Stelle ein letztes Mal darum bitten, mit Geduld und Beharrlichkeit an die Verwandlung Ihrer Person in einen selbstsicheren Menschen zu gehen.

Lernen ist wie Rudern gegen den Strom.
Sobald man aufhört, treibt man zurück.
Benjamin Britten

Behalten Sie bitte immer auch im Hinterkopf, dass es Ihnen nicht möglich sein wird, sich von einem schüchternen und unsicheren in einen total selbstsicheren Menschen zu verwandeln. Sie können lernen, bestimmte Unsicherheiten und Ängste abzubauen, andere jedoch werden Sie weiterhin beibehalten.

Auch ich bin heute noch gelegentlich unsicher und schüchtern. Auch mir, dem »Experten«, gelingt es nicht immer, so selbstbewusst aufzutreten, wie ich es mir wünsche. Aber ich betrachte das nicht als Katastrophe. Ich akzeptiere die Tatsache, dass ich ein Mensch bin, der mit gewissen Fehlern und Schwächen leben muss. Ich bin mir sicher, dass ich mich noch ein ganzes Stück mehr ändern könnte, wenn ich mir die Zeit dafür nehmen würde. Da ich jedoch keinen allzu großen Leidensdruck verspüre und mich meine noch vorhandenen Hemmungen nicht so sehr einengen, dass ich mir wie in einem Gefängnis vorkomme, habe ich beschlossen, vorerst andere Ziele in meinem Leben zu verfolgen. Wenn es Ihnen gelingt, sich in mehr als 50% der Fälle so zu verhalten, wie Sie möchten, dann haben Sie schon viel erreicht. Viel wichtiger, als sich total umzukrempeln, scheint mir zu sein, dass Sie sich für Ihre Unsicherheit nicht verurteilen. Gelingt Ihnen das, haben Sie einen großen Schritt vorwärts getan. Es liegt mir fern, Ihren Optimismus zu dämpfen und Sie gar entmutigen zu wollen. Ich halte es jedoch für besser, bei Ihnen keine übertriebenen Hoffnungen zu wecken.

Nutzen Sie zusätzliche Angebote in Ihrer Stadt

In den meisten Städten werden an der Volkshochschule von Psychologen so genannte Selbstsicherheitstrainings angeboten. Ich empfehle Ihnen wärmstens, einen solchen Kurs zu belegen. In einer Gruppe kann man viele Fertigkeiten leichter, schneller und besser lernen als in einem Heimkursus wie diesem Buch. Auch bietet die Gruppe ein ideales Übungsfeld, um gewisse Fertigkeiten ohne Risiko zu trainieren, und Training ist enorm wichtig.

Mir bleibt an dieser Stelle nur noch, Ihnen viel Erfolg auf dem Weg zu mehr Selbstbewusstsein zu wünschen. Wenn Sie mir Ihre Erfahrungen mit diesem Buch mitteilen möchten, dann schreiben Sie mir bitte an die Adresse des PAL-Verlages. Ich bin auch für Anregungen offen, wenn Ihnen wichtige Aspekte fehlen oder nicht genügend ausgeführt sind.

Ihr Rolf Merkle

Weiterführende Literatur & Beratungsangebote

Rolf Merkle: So gewinnen Sie mehr Selbstvertrauen. Ein praktischer Ratgeber zur Überwindung von Minderwertigkeitsgefühlen und Selbstzweifeln. PAL

Doris Wolf: Ab heute kränkt mich niemand mehr. 101 Power-Strategien, um Zurückweisung und Kritik nicht mehr persönlich zu nehmen. PAL

Doris Wolf: Wenn Schuldgefühle zur Qual werden. Wie Sie Schuldgefühle überwinden und sich selbst verzeihen lernen. PAL

Doris Wolf & Alan Garner: Nur Mut zum ersten Schritt. Wie Sie auf andere zugehen und sich ungezwungen unterhalten können. PAL

Manuel J. Smith: Sag Nein ohne Skrupel. Die neue Methode zur Steigerung von Selbstsicherheit und Selbstbehauptung. mvg

Hilfe für Frauen in Not:
Weißer Ring, Telefon: 0 18 03 – 34 34 34

Eine Liste von psychologischen Psychotherapeuten in Ihrer Nähe erhalten Sie, wenn Sie einen an Sie adressierten und frankierten Briefumschlag senden an:
PAL Verlag
Am Oberen Luisenpark 33
68165 Mannheim